Inhalt

Einleitung

Wir leben in einer Zeit, die zum Bauen geradezu ideal ist. Unsere Welt ist völlig aus den Fugen geraten. Die Sünde führt das Regiment. Doch gerade dann können wir damit rechnen, daß Gott eingreift und uns erneut mit seiner Gnade und Liebe beschenkt.

Dazu braucht er Menschen wie Sie und mich. Denn genau das ist doch der Grund, warum die Bibel geschrieben wurde: Sie soll uns zeigen, daß die Gnade Gottes im Leben ganz gewöhnlicher Männer und Frauen wirksam werden kann. Jeder Lebensbericht der Bibel will uns zeigen, daß Gott durch Sie und mich dasselbe tun kann, wie er durch diese Menschen getan hat.

Aus diesen Persönlichkeiten der Bibel habe ich Nehemia ausgewählt, und zwar aus zwei Gründen: Erstens identifizierte er sich mit Menschen, die in Not waren. Deshalb war sein Leben voller Gefahren. Er wurde zum Pionier und mußte den Preis zahlen, den jeder zahlen muß, der auf geistlichem Gebiet Verantwortung für andere trägt: Er stieß auf Schwierigkeiten und Widerstände, hatte mit Einsamkeit und Müdigkeit zu kämpfen.

Zweitens ist das Buch Nehemia gewissermaßen eine Bibel im Kleinen. Das trifft wohl auf fast jedes Buch der Bibel zu. Deshalb ist die Beschäftigung mit der Bibel auch so faszinierend. Jedes Buch stellt einen Ausschnitt des Reiches Gottes dar und lehrt uns, wie wir an seinem Reich weiterbauen können. Jedes Buch berichtet von Problemen, in die sich die Menschen selbst gebracht haben, zeigt dann aber auch, wie Gott sich einen Mann als Mittler erwählt bzw. einen Mann bestimmt, der Gottes Ordnung im Volk wiederherstellt. Dies ist auch das Grundmuster im Buch Nehemia.

In diesem kurzen Bericht wird Gottes Plan dargelegt: Die Sünde des Menschen steht Gottes Absichten entgegen. Aber Gott findet einen Weg der Befreiung und Errettung. Sein Heilsplan wird durch eine bestimmte Person verwirklicht, die die ganze Situation nach Gottes Willen verändert. So läßt sich in wenigen Worten nicht nur das Buch Nehemia zusammenfassen, sondern darüber hinaus jedes Buch der Bibel sowie ganz allgemein Gottes Handeln im Leben unzähliger Menschen, die ihm treu und hingebungsvoll dienen.

Im Buch Nehemia wird berichtet, wie Jerusalem wieder aufgebaut wird. Alles fing damit an, daß ein Mann eine Schau hatte. Diese Schau bekam er, weil er so ehrlich war, Fragen zu stellen. Deshalb wurde ihm auch die Verantwortung für die Aufgabe übertragen. Und Schau und Aufgabe zusammen machten aus ihm eine führende Persönlichkeit.

Ist es auch Ihr Wunsch, Führungsaufgaben zu übernehmen? Dann gibt es noch viel zu lernen. Das Buch Nehemia ist ein hervorragendes Lehrbuch. Gott hat Nehemias Leben aufzeichnen lassen, damit Sie sich damit identifizieren können. Und Gott sagt, daß Sie dasselbe tun können, was Nehemia tat.

Bei der Beschäftigung mit dem Buch Nehemia werde ich natürlich nicht auf jedes Detail eingehen. Ich werde mich vielmehr auf die Vorkommnisse im Leben Nehemias beschränken, die für die Entwicklung unserer eigenen Persönlichkeit und für unser eigenes Leben im Dienste Gottes von Bedeutung sind, die uns aber darüber hinaus zeigen, wie Gott im Leben von Menschen handelt. Dies kann uns wiederum eine Hilfe sein, Gottes Wort in alle Welt hinauszutragen.

Teil I
Wir wollen uns aufmachen!

Wiederaufbau in dem zerstörten Uganda

Am 12. April 1978 drangen die Soldaten des ugandischen Diktators Idi Amin in Makerere, einem Vorort von Kampala, in eine Kirche der Makerere Gospel Mission ein. Wie von Sinnen feuerten die bewaffneten Männer zunächst auf den Altarraum und schossen dann nach oben und durchlöcherten mit ihren Kugeln das Asbestdach der Kirche.

Während die Soldaten ihr Zerstörungswerk fortsetzten, fielen viele Männer und Frauen der insgesamt sechshundert Mitglieder starken Gemeinde zwischen den Kirchenbänken auf die Knie, hoben die Arme und priesen Gott. Das solide Backsteingebäude, das ich von meinem Besuch im Jahre 1977 her so gut kannte, war plötzlich erfüllt von einem unfaßbaren Gemisch aus Gebet, Lobpreis und Gewehrfeuer.

Etwa zweihundert Gemeindemitglieder wurden gefangengenommen, geschlagen und dann zu dem berüchtigten Hauptquartier des State Research Bureau in Nakasero gebracht, wo bereits Tausende durch Amins Folterknechte ums Leben gekommen waren.

Diese tapferen Menschen – meine Freunde – saßen also zusammengekauert in einem Kreis, einen Gewehrlauf im Nacken. Man stellte Benzinkanister um sie herum und sagte ihnen, daß sie bei lebendigem Leibe verbrannt werden sollten. Man wartete nur noch auf den Exekutionsbefehl von General Mustafa Adrisi, Idi Amins zweitem Befehlshaber.

Unterdessen beteten meine tapferen Freunde still zum Herrn. Da geschah etwas Unglaubliches. Das Auto, in dem Adrisi und seine Gehilfen unterwegs waren, wurde in einen schrecklichen Verkehrsunfall verwickelt. Der „Unfall" ereignete sich auf der Hauptverkehrsstraße zwischen Kampala und Jinja, und Adrisi wurde dabei schwer verletzt. Der Unfall hat meinen Freunden das Leben gerettet. Allerdings wurden sie monatelang wegen ihres Glaubens auf schreckliche Weise gefoltert.

Im Juli des darauffolgenden Jahres – nach dem Sturz Amins durch tansanisches Militär – führten diese ehemaligen Gefangenen in der Kirche, die an den Wänden und an der Decke noch immer die Zeichen jenes brutalen Überfalls trug, ein ungewöhnliches Schauspiel auf.

Die Kirche war brechend voll, als die Vorhänge, die man aus Decken gemacht hatte, aufgingen und viele von denen, die damals knapp dem Tod entronnen waren, auf einer improvisierten Bühne vor ihrem zahlreichen Publikum eine Vorstellung gaben. Das Stück begann damit, daß einer der früheren Gefangengen Idi Amins verhängnisvolle Rede vom September 1977 verlas; siebenundzwanzig Konfessionen, darunter ihre eigene, wurden verboten. Ohne sich über den Ex-Präsidenten im geringsten lustig zu machen, las der Betreffende Amins Behauptung vor, die Gruppe gehöre zum amerikanischen Geheimdienst CIA, sowie seine Anweisungen an die Soldaten, „jeden zu schlagen und zu töten, der beim Beten erwischt wird".

Wovon handelte nun das Schauspiel, das in einem Land, das die Herrschaft Idi Amins gerade überstanden hatte, solche Menschenmengen anzog? Es ging um Nehemia und den Wiederaufbau der zerstörten Mauern von Jerusalem. Diese Geschichte aus dem Alten Testament war für die Kirchen Ugandas freilich von aktueller Bedeutung, nachdem Tausende von Gläubigen dem Terror Amins und seiner Handlanger zum Opfer gefallen waren.

Das Stück, das ein talentiertes Gemeindemitglied geschrieben hatte, wurde aus der Zeit des Alten Testaments in eine geschickt aufgemachte Szene zur Zeit der Schreckensherrschaft Amins versetzt. So stellten die Schauspieler beispielsweise Nehemias Bauleute dar, wie sie gerade einen Wachtposten passierten, der von Amins Männern gestellt wurde. Die Gemeinde klatschte stürmischen Beifall, weil der Wachbeamte wie ein Beamter des „State Research" gekleidet war und sich auch so verhielt. Er trug eine dunkle Brille, Schuhe mit Plateausohle und weite Hosen.

Bevor „Nehemia" kam, hatte dieser Beamte denen, die in seine Hände fielen, sämtliche Wertgegenstände weggenommen, und viele wurden mißhandelt oder sogar umgebracht.

Als ich von diesem Stück hörte, wurde mir bewußt, wie bedeutungsvoll die Geschichte Nehemias für uns alle heute ist. Sie ist genauso relevant für das Uganda von heute wie für den Rest unserer zerrütteten Welt, in der Menschen einander hassen und bekriegen.

Die Bedeutung dieser Geschichte liegt unter anderem darin begründet, daß Nehemia ein Mann war, der ehrliche Fragen stellte. In Kapitel 1, Vers 2 erzählt er: „Da kam Hanani, einer meiner Brüder, mit einigen Männern aus Juda. Und ich fragte sie, wie es den Juden ginge, den Entronnenen, die aus der Gefangenschaft zurückgekehrt waren, und wie es Jerusalem ginge."

Nehemia lebte fern von seinem Heimatland. Dafür konnte er nichts. Vor Generationen hatte sich sein

Volk von Gott abgewandt. So stand es nicht mehr unter Gottes Schutz und wurde von den Feinden überwältigt. Die jungen Leute gerieten in Gefangenschaft und wurden in ein anderes Land verschleppt.

Auch Nehemias Eltern gehörten zu denen, die in die Verbannung geschickt wurden. Man könnte also sagen, daß Nehemia am falschen Ort lebte – aber das war nicht seine Schuld.

Viele von uns haben vielleicht das Gefühl, am falschen Ort zu leben, aber im allgemeinen trifft uns keine Schuld. Denn schließlich sind wir nicht verantwortlich für die Dinge, die sich im Leben unserer Eltern oder Großeltern oder in der Geschichte unserer Kirche oder unseres Volkes ereignet haben. Lassen Sie sich daher nicht vom Teufel einreden, es sei Ihre Schuld, wenn die Umstände nicht sind, wie sie sein sollten.

Andererseits sollten Sie aber auch so ehrlich sein und sich der Situation stellen, wie sie im Moment gerade aussieht. Nicht mit dem Hintergedanken, daß Sie jemandem die Schuld geben müßten, sondern in der Haltung: „Herr, wenn ich in dieser Sache irgend etwas tun kann, bin ich bereit dazu."

In Nehemia haben wir einen Mann vor uns, der im Exil lebt und das Beste aus seiner Situation macht, was wohl jeder von uns versuchen würde. Da kommen ein paar Freunde zu ihm. Er stellt ihnen eine Frage. Und genau an dieser Stelle nimmt das Geheimnis seines Erfolgs seinen Anfang.

In unseren Gemeinden hört man heutzutage manchmal Klagen, daß der Pfarrer Antworten auf Fragen gibt, die niemand gestellt hat. Das ist schlimm! Aber noch viel schlimmer ist es, wenn die Leute erst gar keine Fragen stellen.

Wie steht es mit uns? Stellen wir Fragen?

Wenn ich jemanden treffe, frage ich: „Wie geht es Ihnen?" Moment mal! Woher nehme ich mir denn das Recht, danach zu fragen? Was will ich überhaupt mit dieser Frage? Angenommen, jemand hat große Probleme. Wird der (bzw. die) Betreffende mir dann sein Herz ausschütten, nur weil ich gefragt habe, wie es ihm geht? Bin ich an den Problemen des anderen wirklich interessiert?

In Wahrheit verhält es sich doch so, daß wir eigentlich gar keine Antwort erwarten, wenn wir fragen: „Wie geht es Ihnen?" Es kümmert uns nicht im geringsten! Meinen Sie etwa, ich wollte wissen, was für Probleme Sie haben? Es ist einfach selbstverständlich, daß ich frage, wie es Ihnen geht. Aber ich bin nicht wirklich an Ihren Problemen interessiert. Ich habe nicht die Mittel zur Verfügung, um Ihre Probleme zu lösen, noch die Zeit, mir Ihre Klagen anzuhören.

Merken Sie, wie heuchlerisch wir werden können, wenn wir nicht wirklich meinen, was wir sagen? Bevor wir jemanden nach seinem Ergehen fragen, sollten wir uns zuerst das Recht dazu *verdienen,* indem wir echtes Interesse für den anderen zeigen.

Ich möchte an dieser Stelle nur warnend darauf hinweisen, daß wir zu schnell danach fragen, wie es anderen geht, ohne dabei wirklich bereit zu sein, uns ihrer Probleme auch anzunehmen. Hier ist einfach eine gewisse Vorsicht geboten, denn die meisten Menschen haben so viele Probleme, daß sie daran zu zerbrechen drohen.

Ich bewundere Nehemia. Er hatte aus seinen eigenen Lebensumständen das Beste gemacht. Und dann hatte er noch den Mut, nach der Not seines Volkes in Jerusalem zu fragen. Nachdem er danach gefragt hatte, ist bei ihm einiges in Bewegung geraten.

Wenn Sie den Mut haben, Fragen zu stellen, wird sich auch in Ihrem Leben einiges ändern. Das kann ich Ihnen garantieren.

Mein eigenes Leben hat zweifellos 1955 eine neue Ausrichtung bekommen, als ich zu einem Jugendfestival in Warschau eingeladen war. Während dieser Veranstaltung, bei der die angebliche Freiheit im Land demonstrativ zur Schau gestellt wurde, nutzte ich jede Gelegenheit, um mit Christen in Kontakt zu kommen. Ich fand bald heraus, daß ein großer Mangel an Bibeln und Lehrkräften herrschte und daß die polnischen Geschwister auch nicht genug Ermutigung und Liebe von außen bekamen. Die Gläubigen hatten das Gefühl, daß man sie vergessen hatte.

Etwa 30 000 Ausländer waren ins Land gekommen, um das sogenannte „Arbeiterparadies“ mit eigenen Augen zu sehen. Man organisierte Stadtrundfahrten, um uns zu zeigen, wie die Kommunisten Warschau wiederaufgebaut hatten, nachdem es von den Nazis zerstört worden war. Fast jeder fiel auf das idyllische Bild von Warschau herein, das man den leichtgläubigen Touristen präsentierte.

Die Gruppe, mit der ich unterwegs war, war in einer Schule untergebracht. Eines Tages erzählte mir ein junger Mann aus Amsterdam, der mit dem Kommunismus sympathisierte, wie begeistert er war von allem, was er gesehen und gehört hatte. Er konnte nicht verstehen, warum ich seine Begeisterung nicht teilte.

„Laß die Führung morgen doch einfach sausen und zieh alleine los“, schlug ich Hans vor. „Geh zur Hauptstraße und dann nach links, dort wirst du einige Schutthaufen finden. Wenn du näher an die Trümmer herankommst, findest du eine Öffnung. Geh da hinein, rede mit den Menschen, die dort leben, und urteile selbst, ob sie sich wie in einem Paradies vorkommen."

Hans sah mich ungläubig an und schüttelte den Kopf. Er hatte sich doch wohl nicht täuschen lassen? Er war immerhin ein Mensch, der viel nachdachte. Zu seiner Ehre sei gesagt, daß er loszog und selbst Nachforschungen anstellte. Er ging auf eigene Fast in die Elendsviertel, in die Trümmer, in denen die Menschen hausten.

Als ich Hans an diesem Abend wieder begegnete, sah er schreckensbleich aus. „Andrew, ich reise noch heute mit dem Nachtzug ab. Was ich heute gesehen und gehört habe, hat mich in Angst und Schrecken versetzt."

Ich sagte zu dem Holländer, daß er nun mit eigenen Augen gesehen hatte, was mich schon seit meiner Ankunft beschäftigte. „Von etwa 30 000 Besuchern in der Stadt hat noch niemand gesehen, was du heute entdeckt hast, Hans. Sie wollen eben keine Fragen stellen. Sie wollen nur ihre Führungen mitmachen und nur die schönen Seiten Warschaus kennenlernen."

Nehmen wir ein anderes Beispiel: Wenn man vom John F. Kennedy-Flughafen in New York kommt und sich von dort geradewegs in den New Yorker Stadtteil Bronx begibt, kann man eine ähnliche Erfahrung machen. Man ist erschüttert, wenn man mit den Leuten dort redet, und wird vielleicht plötzlich auch den inneren Drang verspüren, etwas zu unternehmen, so wie es David Wilkerson erging. Denn in den Slums von New York, wie auch in anderen Großstädten wie Amsterdam und London, herrscht noch ein großes Elend.

Wer Fragen stellt, wird sein Leben verändern. Er muß allerdings die Bereitschaft mitbringen, sich wirklich der Not anderer anzunehmen und um deswillen, was er gehört und gesehen hat, auf alles zu verzichten. So hat sich z.B. Mutter Theresa den Armen von Kalkutta, die vom Tode bedroht sind, verschrieben. Sie stellte bohrende Fragen und machte sich dann auf, um den Menschen zu helfen.

Die Erfahrungen, die ich 1955 in Polen machte, haben in meinem Leben zweifellos eine Kursänderung eingeleitet. Bis dahin hatte ich die Absicht gehabt, als Missionar nach Indonesien zu gehen.

Studiert hatte ich in Glasgow, Schottland, am College einer weltweiten Evangelisationsbewegung, der sogenannten „Worldwide Evangelization Crusade". Aus allen Teilen der Welt kamen Missionare dorthin und hielten Vorträge über ihr Einsatzgebiet. Später habe ich einmal nachgefragt, ob auch schon einmal ein Missionar aus einem Kommunistischen Land zu Besuch gewesen sei. Die Antwort lautete: Nein.

Dies veranlaßte mich zu der Frage, warum nicht? Die kommunistisch regierten Länder machten damals immerhin schon ein Drittel der ganzen Welt aus; inzwischen ist es bereits die Hälfte. Ich fragte mich, warum diese Organisation sich als *weltweite* Bewegung bezeichnet, wenn sie in Wirklichkeit nur die halbe Welt erfaßt. Dasselbe gilt auch für andere Organisationen, die von sich behaupten, überall in der Welt das Wort Gottes zu verkündigen. Meiner Ansicht nach sollten sie alle eine Namensänderung in Erwägung ziehen oder aber, was noch besser wäre, endlich Missionare nach Osteuropa und China schicken.

Unsere Aufgabe: andere wachzurütteln

Viele Pfarrer sind „über jeden Widerspruch erhaben“: Sie stehen hoch oben auf ihrer Kanzel und predigen, aber sie geben ihrer Gemeinde nicht die Möglichkeit, ihre Behauptungen in Frage zu stellen. Woran liegt das? Haben sie etwa Angst, manches, was sie sagen, könnte nicht genügend durchdacht sein? Oder sie wüßten selbst nicht so recht, was sie eigentlich glauben?

Ich bin in jüngerer Zeit dazu übergegangen, bei Veranstaltungen den Zuhörern am Ende die Gelegenheit zu geben, Fragen zu stellen. Ich möchte, daß sie „testen“, was ich gesagt habe, und wenn es Dinge gibt, die sie nicht verstehen oder mit denen sie nicht einverstanden sind, so können sie damit zu mir kommen.

Dann stelle ich gewöhnlich eine Frage. Meine Zuhörer sollen mir ein Land nennen, dessen Grenzen für sie geschlossen sind, wenn sie als gläubige Christen mit dem Evangelium kommen. Meiner Ansicht nach gibt es nämlich überhaupt keine verschlossenen Türen. So erklärt sich auch der Name unserer Mission, „Open Doors“ (= „Offene Grenzen“, wörtlich „Türen“). Ich bin immer froh, wenn ich den Leuten sagen kann, wie man in ein Land hineinkommt, aber ich füge stets hinzu: „Ich kann Ihnen zwar sagen, wie man hineinkommt; aber es gibt keine Garantie dafür, daß man wieder herauskommt.“ Schließlich lautet der Missionsbefehl Jesu an seine Jünger: „Gehet hin in alle Welt …“ Jesus setzte nicht hinzu: „… und kommt wieder zurück!“

Christen müssen unablässig Fragen stellen. Weil die Menschen keine ehrlichen Fragen stellten, hatte Hitler damals freie Hand. Bereits 1936 waren die Konzentrationslager voll. Doch hatte niemand in Deutschland, wenn man einmal von Männern wie Niemöller und Bonhoeffer absieht, den Mut zu fragen, was zu ihrer Zeit im Land eigentlich vor sich ging. Hätten die Menschen diesen Mut aufgebracht und dann auch gehandelt, so würde unsere Welt heute ganz anders aussehen und die Kirche würde sich anders engagieren. Dann würden wir erleben, daß unser Geld nicht für Institutionen und Bauwerke, nicht für prunkvolle Kirchen ausgegeben würde, sondern für die Jünger Jesu, ob sie nun in Freiheit leben oder verfolgt werden; denn *sie* sind die eigentliche Kirche. Wir bringen uns aber selbst um dieses Vorrecht, weil wir keine hartnäckigen Fragen stellen. Wir reisen als Geschäftsleute und Touristen in fremde Länder, ohne so lange zu bohren und zu fragen, bis wir in Erfahrung gebracht haben, wie es unseren Brüdern und Schwestern wirklich geht.

Ich glaube, daß es die Aufgabe von „Open Doors" sein sollte, Christen aus ihrem geistlichen Tiefschlaf wachzurütteln. Als ich Anfang 1980 in Guatemala war, machte ich die Entdeckung, daß viele Christen dort von der Verfolgung Gläubiger in einem Teil ihres Landes einfach nichts wissen wollten. Wir hatten festgestellt, daß in der Provinz Queche alle Missionare entweder bedroht oder vertrieben worden waren oder daß sie die Flucht ergriffen hatten, so daß die Kirchen dort auf sich allein gestellt waren. Dennoch behaupteten die kirchlichen Würdenträger in der Hauptstadt Guatemala City, es gebe keinen Grund zur Beunruhigung. Alles sei in bester Ordnung.

Wir ließen jedoch nicht locker, und unsere Mitarbeiter brachten diese Angelegenheit auf einer Konferenz, die in der Hauptstadt stattfand, zur Sprache. Zögernd begannen die Delegierten, davon zu sprechen, was geschehen war, und durch Fragen den Dingen auf den Grund zu gehen. Schließlich wurde am Schluß der Konferenz beschlossen, daß jede Gemeinde von Guatemala City jemand nach Queche schikken sollte. Die Abgesandten sollten dort die Gläubigen aller Konfessionen besuchen und sich erkundigen, wie es ihnen ginge. Sie sollten ihnen helfen, so gut sie konnten, und sie ihrer Fürbitte versichern.

Mein Freund und Mitarbeiter, Bruder David, der unsere Arbeit in China leitet und der seine packende Geschichte in dem Buch „Der Schmuggler Gottes in China" erzählt, wird von den Gläubigen hinter der Chinesischen Mauer um einer Sache willen geliebt: Als er in China ankam, lautete seine erste Frage: „Wie steht es um den Leib Christi?" Er fragte nicht: „Wie lebt ihr?" oder: „Habt ihr genug zu essen?", sondern: „Wie steht es um den Leib Christi?" Welch eine Frage! Wegen eben dieser Frage wurde er auch von der Untergrundkirche in China akzeptiert.

Das Wort „Nehemia" bedeutet „Gott tröstet". Nur wenn wir die richtigen Fragen stellen, können wir unsere leidenden Brüder und Schwestern wirklich trösten. Aber zunächst einmal müssen wir um diese Not wissen. Wenn wir nach einer bestimmten Not fragen, werden wir uns am Ende vielleicht berufen fühlen, diese Not zu lindern. Dann tragen wir auch eine entsprechende Verantwortung.

Was ist nun ein Ruf? Es bedeutet nichts anderes, als um eine bestimmte Not zu wissen. Wir sollten Jesus gehorchen, der uns selbst auffordert, unseren Blick auf das Erntefeld zu richten (Johannes 4,35). Das heißt, wir sind dazu aufgerufen, uns die Not der Welt in ihrer ganzen Tragweite vor Augen zu führen.

Es gibt zu viele Christen, die sagen: „Ich bin nicht berufen“ oder: „Gott hat mich nie gerufen“. Ich aber sage Ihnen, daß Sie den Ruf überhört haben, denn Gott *hat* Sie gerufen. Er hat Sie dazu aufgefordert, sich mit der Not dieser Welt auseinanderzusetzen. Wir beschweren uns manchmal, daß Zeitung und Fernsehen, die Massenmedien unserer Tage, uns das ganze Elend der Welt ins Haus bringen. Wir können uns daher nicht damit herausreden, daß wir nichts davon wüßten.

Ich bin fest davon überzeugt, daß Gott seinen Kindern *alle Mittel und Möglichkeiten* gegeben hat, die sie brauchen, um die Not dieser Welt zu lindern.

Gott hat mich in eine Mission gestellt, die in Ländern arbeitet, von denen andere meinen, ihre Grenzen seien absolut undurchdringlich. Viele Jahre lang bin ich in die Länder hinter dem Eisernen Vorhang und nach China gefahren und habe dort nach meinen Brüdern gefragt. Manchmal war ich sehr allein, weil sich in Westeuropa nur sehr wenige Christen für ihre Brüder interessierten. Genau das ist auch der Grund, warum sich nichts tut und warum die Revolution immer mehr um sich greift und unsere westliche Kultur im Niedergang begriffen ist.

Ich frage immer: „Wollen Sie es wirklich wissen?“ Denn wenn man es wirklich erfahren will, *kann* man es auch erfahren. Und wenn man die Welt verändern will, *kann* man sie auch verändern. Wenn man bauen will, dann *kann* man auch bauen. Aber am Anfang steht die Frage: „Wollen Sie wirklich die Wahrheit wissen?“

Als Nehemia seine Brüder nach den Juden in Jerusalem fragte, erhielt er eine niederschmetternde Antwort. In Kapitel 1, Vers 3 heißt es: „Die Entronnenen … sind dort im Lande in großem Unglück und in Schmach; die Mauern Jerusalems liegen zerbrochen, und seine Tore sind mit Feuer verbrannt."

Nehemias Besucher haben hier ein wahrhaft schreckliches Bild gezeichnet. Aber sie haben Nehemia die Not klar vor Augen geführt.

Wir könnten heute von unserer Welt ein ähnliches Bild zeichnen. Überall herrscht große Not. Ich habe z.B. schon manchmal über die Situation in Indochina geweint. Über einen Zeitraum von zehn Jahren bin ich oft in Vietnam gewesen. Ich habe in Krankenhäusern Dienst getan, und noch nie in meinem Leben habe ich so viele schwerverletzte Menschen gesehen wie dort.

Ich erinnere mich an einen besonders erschütternden Besuch auf einem Lazarettschiff, das an der Küste des Landes entlangfuhr, auf dem der Krieg tobte, und die verwundeten amerikanischen Soldaten aufnahm, die körperlich und seelisch gebrochene Menschen waren. Ich stand an Deck mit meiner alten Freundin Corrie ten Boom und sah zu, wie etwa alle drei Minuten Hubschrauber ankamen und ihre gräßliche Fracht abluden. Es war so entsetzlich, daß Corrie schließlich gehen mußte. Und Corrie war im Zweiten Weltkrieg selbst in einem deutschen Konzentrationslager gewesen!

Ich blieb, weil man mich gebeten hatte, zu den Verwundeten zu sprechen. Ich stand an der Stirnseite des Raumes, den man zu diesem Zwecke zur Verfügung gestellt hatte, und hielt meine Bibel umklammert, als die Männer hereingeschoben wurden. Es war ein grauenvoller Anblick! Die meisten hatten ihre Arme, Beine oder Augen verloren. Ich hatte zwar selbst einmal in einem Militärkrankenhaus in Indonesien gelegen, aber so etwas hatte ich noch nie gesehen. Wenn jemand die Botschaft von Jesu heilender Kraft brauchte, so waren es diese Männer.

Während eines Aufenthalts in Vietnam war ich dabei, als vietnamesische Pfarrer ordiniert wurden; heute sind sie tot! Ich habe Kirchen geweiht; heute sind sie zerstört!

Überall herrscht großes Elend: in Afrika, in Asien, im Nahen Osten. Mauern wurden niedergerissen und liegen in Schutt und Asche, Tore wurden zerstört.

Wenden wir uns nun wieder Nehemia zu. Seine Freunde waren gerade aus Juda zurückgekommen. Es wird nicht berichtet, wie sie aussahen. Wir wissen aber, daß sie eine weite Reise hinter sich hatten und aus einer sehr armen Gegend kamen. Nehemia selbst trug wahrscheinlich prächtige Kleider, weil er im Palast des Königs diente. Es ist daher anzunehmen, daß zwischen dem gepflegten Nehemia und seinen wohl recht mitgenommen aussehenden Freunden ein gewaltiger Unterschied bestand, was die äußere Erscheinung anging. Nehemia hatte allen Grund zu sagen: „Wascht euch doch erst einmal und zieht euch anständige Kleider an. Es ist mir ein bißchen peinlich, daß ihr so zerlumpt daherkommt!"

Ein Großteil der Hilfe, die wir den Menschen in den ärmeren Ländern anbieten, bewegt sich auf diesem Niveau. Wir geben den Hungernden Brot. Wir geben den Armen Kleider. Und damit hat sich's. Dabei sind wir so stolz darauf, daß wir so großzügig sind! Wir scheinen gar nicht zu bemerken, daß wir nur an

Symptomen herumkurieren und nur vorübergehend Abhilfe schaffen, ohne die wirklichen Probleme dieser Menschen anzupacken.

Als Nehemia nach seinem Volk und nach Jerusalem fragte, erwartete er auch eine Antwort, und ich bin sicher, daß er darüber hinaus dazu bereit war, etwas zu tun, unabhängig davon, wie die Antwort ausfallen würde. Das heißt, er war dazu bereit, ihre Sorgen und Nöte zu teilen; sich hinzusetzen, zuzuhören und zu beten; und schließlich auch zu helfen.

Solche eine Bereitschaft ist auch Ihre moralische Verpflichtung, bevor Sie danach fragen, wie es jemand geht. Wenn Sie nicht die gleiche Haltung mitbringen wie Nehemia, dann wird Gott Sie auch nicht gebrauchen.

Ich möchte Sie aber darauf hinweisen, daß Sie in dem Moment, in dem Sie von der Not des anderen erfahren, auch eine Verantwortung haben. Stellen Sie sich vor, Sie begegnen einem Bekannten, der klagt: „Ich habe große Probleme." Sie fragen: „Was bedrückt dich denn?" Und der andere vertraut Ihnen seine Not an. Damit werden Sie für seine Probleme verantwortlich. Sie können sich dem nicht entziehen. Wenn Sie nicht den Mut haben, mehr Verantwortung zu übernehmen, sollten Sie auch nicht nach den Problemen anderer fragen. In diesem Fall ist es besser, Sie leben für sich selbst. Das ist die Alternative, vor die Sie gestellt sind.

Wir haben es nicht gelernt, für die Probleme anderer ein offenes Ohr zu haben. Deshalb möchte ich von Nehemia lernen; das tut wirklich not bei mir. Oft meine ich nämlich, ich hätte schon genug Probleme; ich will mir dazu nicht noch die der anderen aufladen. So manches liebe Mal habe ich einfach alles Jesus übergeben, aber dann wieder habe ich gesagt: „Herr, das ist einfach zuviel für mich. Ich weiß zwar, daß es ein Segen für mich sein soll, Lasten zu tragen, aber ich habe schlaflose Nächte deswegen und weine vor Schmerz, wenn ich für so viele Leute bete. Die Not ist einfach zu groß. Ich wünschte, ich hätte nur ein bißchen mehr Zeit für mich und etwas weniger Probleme, denn dann könnte ich mich ein bißchen mehr am Leben freuen."

Ich muß ehrlich gestehen, daß ich schon oft so gedacht habe. Dann besinne ich mich wieder auf das Wort Gottes, und Gott spricht zu mir. Wenn ich auch voller Auflehnung bin: Gott vergibt mir. Jesus hatte keine Probleme, bevor er in diese Welt kam, aber er nahm freiwillig das Elend der ganzen Welt auf sich. Weil er gekommen ist und die Verantwortung für meine Probleme übernommen hat, bin ich Christ. Und Jesus hat gesagt: „Folge mir nach!" Also muß mein Leben bedingungslos ihm gehören.

In den ersten Jahren meines Dienstes in Osteuropa stellte ich fest, daß dringend russische Taschenbibeln gebraucht wurden. Aber meine Frau Corrie und ich hatten einfach nicht genügend Geld, um den Druck zu bezahlen, der etwa 15 000 Dollar kosten würde. Meine eigenen Ersparnisse für dieses Vorhaben beliefen sich nur auf knapp 2 000 Dollar. Was sollte ich also tun?

Wir schrieben gerade das Jahr 1963, und ich setzte mich mit Corrie, die wieder ein Kind erwartete, zusammen, um mit ihr gemeinsam zu überlegen, wieviel unser Haus wohl wert war. Wir hingen sehr an diesem Haus, und doch schien ein Verkauf die einzige Möglichkeit zu sein, um an das nötige Geld für die Taschenbibeln zu kommen.

Corrie wurde ganz blaß, als ich diese Möglichkeit zum ersten Mal erwähnte. „Vielleicht will Gott gar nicht, daß wir diese Taschenbibeln bekommen“, sagte sie. „Vielleicht ist es seine Fügung, daß wir das Geld nur so langsam zusammenbringen.“

Trotzdem begann sie darum zu beten, das Haus nicht als unser Eigentum, sondern als Gottes Eigentum betrachten betrachten zu können.

„Herr, es soll dein Haus sein, und du sollst damit tun, was du willst“, beteten wir nun jeden Abend zusammen. „Und doch spüren wir, daß wir in Wirklichkeit nicht so empfinden, Herr. Wenn du willst, daß wir das Haus für die Bibeln verkaufen, wirst du in unseren Herzen ein kleines Wunder tun müssen, damit wir dazu bereit werden.“

Das Baby wurde geboren. Alle Geldgeschenke, die wir für unser Kind bekamen, wanderten sofort in die Bibelkasse. Doch Corrie und ich wußten, daß auch dann nicht genug Geld zusammenkommen würde, wenn wir die nächsten zwanzig Jahre auf diese Weise weiterspraen würden. Schließlich hörten wir auf, um Bereitschaft zu beten, sondern baten Gott, uns zu der Bereitschaft *willig* zu machen, das Haus zu verkaufen.

Und eines Tages erhörte der Herr unser Gebet. Corrie und ich wußten plötzlich, daß wir weder das Haus noch irgendwelche anderen materiellen Güter brauchten, um als Mann und Frau miteinander glücklich zu sein.

„Ich weiß zwar nicht, wo wir wohnen werden“, sagte Corrie. „Weißt du noch, Andy?“ Und sie zitierte einen Satz, den wir so oft ausgesprochen hatten: „Wir wissen nicht, wohin der Weg führt ...“

„... aber wir wollen ihn gemeinsam gehen“, ergänzte ich.

Noch am gleichen Tag ließen wir das Haus schätzen. Zusammen mit unseren Ersparnissen kamen wir auf eine Summe von gut 15 000 Dollar. Das war der Durchbruch! Das Haus wurde zum Verkauf angeboten, und ich benachrichtigte den Drucker in England, daß er mit dem Druck beginnen könne, wie wir es besprochen hatten. Wie froh waren Corrie und ich, daß wir „unser" Haus schließlich doch losgelassen und es zu „seinem" Haus gemacht hatten!

Erstaunlicherweise kam aber trotz der Wohnungsnot in unserem Dorf niemand, um sich das Haus anzusehen. Darin konnten wir zunächst gar keinen Sinn sehen. Dann kam eines Nachmittags ein Anruf von der Bibelgesellschaft; man bat mich zu einem Gespräch mit den verantwortlichen Leitern der Gesellschaft. Ich ging also leicht verwundert hin – und konnte es kaum glauben, als mir die Herren erklärten, *sie* würden die gesamten Druckereikosten für die Taschenbibeln übernehmen und ich brauchte nur für meinen jeweiligen Bedarf zu zahlen.

Als ich nach Hause kam, fiel ich Corrie um den Hals und sagte: „Gepriesen sei der Herr! Wir müssen das Haus nun doch nicht verkaufen." Sie war natürlich überglücklich. Der Herr hat unsere Bereitschaft, das Haus zu verkaufen, wirklich belohnt, denn die russische Taschenbibel wurde ein absoluter Bestseller. Und was wurde aus dem Haus? Wir konnten noch acht Jahre darin wohnen bleiben.

Nehemia stellte seinen Freunden bohrende Fragen. Wenn Gott uns gebrauchen soll, so müssen auch wir den Mut haben, nach der Not der Welt zu fragen, nach der Not unserer Brüder und Schwestern, anch den Menschen, die in unseren Tagen verfolgt werden. Wir müssen nach den Menschen fragen, die in bisher unerschlossenen Gebieten leben und das Evangelium noch nicht gehört haben, in deren Sprachen die Bibel auch noch nicht übersetzt wurde. Wir sollten wirklich die ganze Welt im Blickwinkel haben und fragen: „Wie ist es um die Verbreitung des Evangeliums bestellt?" Wenn wir von der Not erfahren und ehrlich danach fragen, werden wir auch hören, daß Gott uns ruft. Und je genauer das Bild ist, das wir uns von der Not machen können, desto mehr sind wir aufgerufen, etwas zu tun.

Die Berufung und Vorbereitung Nehemias zeigt, nach welchem Muster Gott auch mit uns vorgehen möchte. Nehemia ist ein angesehener Mann, dessen Verwandte weit weg unter äußerst schwierigen Bedingungen leben. Gott richtet es so ein, daß Nehemia Männer trifft, die gerade aus Juda kommen und wichtige Neuigkeiten mitbringen.

So bleibt nur eine Frage: Werden diese Männer bei Nehemia ein offenes Ohr finden? Denn wenn er oder Sie oder ich bestimmte Dinge erfahren, wird sich bei uns einiges ändern.

Wenn wir unser Leben Gott zur Verfügung stellen wollen, müssen wir es Nehemia gleichtun, der seine Freunde nach den Juden und nach Jerusalem fragte. Wir müssen den Mut aufbringen zu fragen, wie es um unsere Welt bestellt ist. Worin besteht die Not dieser Welt? Wo herrscht das größte Elend? Handelt es sich um geistliche oder um materielle Not? Was sollen wir dagegen tun? Beseitigen wir nur die Symptome oder packen wir das Übel an der Wurzel?

Vielleicht ist es zu sehr vereinfacht zu sagen: Das Grundproblem dieser Welt ist die Sünde. Aber auch mit dieser Feststellung ist Ihnen noch nicht geholfen, weil ich Ihnen damit noch keinen Hinweis gegeben habe, was man dagegen tun könnte. Wenn Sünde das Grundproblem der Welt ist, so liegt die Lösung dieses Problems natürlich in Jesus Christus. Aber selbst damit ist nichts Genaues darüber gesagt, was eigentlich zu tun ist.

In Johannes 21 wird uns berichet, daß sich die Jünger in demselben Dilemma befanden. Petrus sagte zu den anderen Jüngern: „Ich will fischen gehen." Und die anderen erwiderten: „Wir gehen mit dir." Vermutlich wußten sie besser als alle anderen Menschen jener Zeit, daß Sünde das Grundproblem der Welt ist. Und zweifellos wußten sie auch besser als alle anderen, daß Jesus die Lösung dieses Problems ist. Und im Grunde wußten sie auch, daß sie bei der Verbreitung des Evangeliums eine ungeheuer wichtige Rolle spielen sollten – aber sie wußten nicht, wo sie anfangen sollten. Wahrscheinlich waren sie schon lange nicht mehr fischen gewesen, und so fiel Ihnen nichts Besseres ein, als wieder ihre Netze auszuwerfen.

Auch heute kehren unzählige Christen einfach wieder zu ihren Netzen zurück. Sie wissen zwar, daß Sünde das Grundproblem ist; wie wissen, daß Jesus gekommen ist, um für die Sünde der Welt zu sterben. Aber wie können sie diese beiden Grundwahrheiten so in die Praxis umsetzen, daß sie etwas dagegen ausrichten können? Das ist das größte Problem, vor dem wir im Moment stehen.

Seien wir realistisch! Es hat keinen Sinn zu sagen, daß ich irgendein hohes Ideal, das noch in weiter Ferne liegt, ohnehin nicht erreichen kann und deshalb die Hände in den Schoß lege. Dann würde ich wie Petrus sagen: „Ich will fischen gehen." Aber ich gehöre nicht zu dieser Art von Fischern.

Sehen Sie nun, wie zwei Seelen in unserer Brust streiten? Manchmal haben wir die Lösung klar vor Augen: Wenn die ganze Gemeinde Jesu Christi sich noch heute aufmachte, könnten wir innerhalb weniger Wochen die ganze Welt mit dem Evangelium erreichen, und die Bibel sagt, daß dann das Ende kommen wird. Den meisten Christen ist dies zwar theoretisch klar, aber es ist ihnen nicht klar, was sie nach Gottes Willen tun sollen.

Welche Art von Menschen wird Gott also gebrauchen? Er wird solche gebrauchen, die die Wahrheit wissen wollen, *ganz gleich, wie sie aussehen mag.* Und dann wird Gott anfangen, in ihnen zu wirken.

Keine Angst vor Gefühlen!

Als Nehemia seine bohrenden Fragen stellte, hatte er keine Ahnung, was die Männer, die von Jerusalem kamen, ihm erzählen würden. Als er dann von der großen Not seiner Brüder hörte, war er erschüttert. In Kapitel 1, Vers 4 heißt es: „Als ich aber diese Worte hörte, setzte ich mich nieder und weinte und trug Leid tagelang und fastete und betete vor dem Gott des Himmels."

Wie lange ist es her, daß Sie das letzte Mal geweint oder für Ihre Geschwister gebetet haben, die in unseren Tagen unterdrückt und verfolgt werden?

In meinem Büro habe ich einen kleinen Altar, vor dem ich jeden Tag bete, wenn ich in Holland bin. Auf dem Altar steht ein Bild mit betenden Händen. Ich benutze gewöhnlich einen Gebetskalender unserer Mission mit Fotos von zweiundfünfzig Christen, die wegen ihres Glaubens im Gefängnis sind. Ich weine oft um sie, wenn ich für sie bete. Ich weine auch viel um die Länder, die unter dem Joch des Kommunismus leiden, besonders China.

In diesem Zusammenhang muß ich an Onkel Hoppy – William Hopkins – denken, der sich wie ein Vater um mich kümmerte, als ich zum ersten Mal nach England kam. Er betete oft um die „Gabe der Tränen". Er konnte seinen Tränen nicht einfach freien Lauf lassen, und deshalb betete er regelmäßig um diese Gabe.

Ich selbst habe meine ersten Erfahrungen damit gemacht, als ich in England war und zusammen mit Onkel Hoppy, meiner Frau und einigen anderen Freunden einen Fernsehfilm ansah. Es ging um den „Großen Sprung nach vorn“ in China. Der Film des BBC, der von Anfang bis Ende in China gedreht worden war, hieß „Wir müssen Großbritannien überflügeln“. Man sah Menschen, die wie die Sklaven arbeiteten und dabei ständig den Slogan „Wir müssen Großbritannien überflügeln“ auf den Lippen hatten. Als ich dies sah, war ich von den Verhältnissen in China so erschüttert, daß ich hemmungslos zu weinen begann. Es dauerte noch lange, bis ich selbst nach China reisen konnte. Aber ich glaube, daß Gott seinen Kinder erst das Herz brechen muß, bevor sich jemals etwas tut.

Das soll nicht heißen, daß wir in der Öffentlichkeit ständig in Tränen zerfließen sollten; abgesehen davon können wir nicht auf Kommando weinen. Aber ich glaube, sobald wir uns wirklich mit dem Leid unserer Brüder und Schwestern identifizieren wollen, obwohl wir vielleicht nur vom Hörensagen davon wissen, wird Gott uns durch die „Gabe der Tränen“ auch dazu befähigen.

Der rußlanddeutsche Pastor Gerhard Hamm, der viele Jahre in der Sowjetunion im Gefängnis war und nun für „Open Doors“ arbeitet, weint oft. Ihm kommen auch dann die Tränen, wenn er auf der Rednerbühne steht und seine Geschichte erzählt. Und wenn er Brüder trifft, die mit ihm im Konzentrationslager waren, stehen sie zunächst einmal zehn Minuten lang einfach nur weinend da und umarmen sich, ohne auch nur ein Wort zu sagen.

Nun kommen wir zu einem Punkt, der für viele Christen in der westlichen Wohlstandsgesellschaft ein noch größeres Problem darstellt als das Weinen, nämlich das Fasten. Wann haben Sie zum letzten Mal richtig gefastet? Wozu fasten wir überhaupt? Zur Unterstützung eines Hilfsprogamms für Hungernde? Oder fasten wir deshalb, weil eine bestimmte Situation uns so sehr belastet, daß wir nicht einmal den Gedanken an etwas Eßbares ertragen können?

In Jesaja 58 lesen wir, was echtes Fasten in Gottes Augen ist, ein Fasten, bei dem wir mit unserem ganzen Geist und unserer ganzen Seele dabei sind, wie wir es auch in Nehemia 1 sehen. Das ist ein Fasten, an dem Gott Gefallen hat.

In Jesaja 58,3-9 heißt es: „‚Warum fasten wir, und du siehst es nicht an? Warum kasteien wir unseren Leib, und du willst's nicht wissen?' – Siehe, an dem Tag, da ihr fastet, geht ihr doch euren Geschäften nach und bedrückt alle eure Arbeiter. Siehe, wenn ihr fastet, hadert und zankt ihr und schlagt mit gottloser Faust drein. Ihr sollt nicht so fasten, wie ihr jetzt tut, wenn eure Stimme in der Höhe gehört werden soll. Soll das ein Fasten sein, an dem ich Gefallen habe, ein Tag, an dem man sich kasteit, wenn ein Mensch seinen Kopf hängen läßt wie Schilf und in Sack und Asche sich bettet? Wollt ihr das ein Fasten nennen und einen Tag, an dem der Herr Wohlgefallen hat? Das aber ist ein Fasten, an dem ich Gefallen habe: Laß los, die du mit Unrecht gebunden hast, laß ledig, auf die du das Joch gelegt hast! Gib frei, die du bedrückst, reiß jedes Joch weg! Brich dem Hungrigen dein Brot, und die im Elend ohne Obdach sind, führe ins Haus! Wenn du einen nackt siehst, so kleide ihn, und entzieh dich nicht deinem Fleisch und Blut! Dann wird dein Licht hervorbrechen wie die Morgenröte, und deine Heilung wird schnell voranschreiten, und deine Gerechtigkeit wird vor dir hergehen, und die Herrlichkeit des Herrn wird deinen Zug beschließen. Dann wirst du rufen, und der Herr wird dir antworten. Wenn du schreist, wird er sagen: Siehe, hier bin ich."

Genau das hat Nehemia gesagt: „Hier bin ich." Genau das hat auch Jesus gesagt, als im Himmel darüber beraten wurde, was mit Gottes Schöpfung geschehen sollte. Im Hebräerbrief wird berichtet, daß Jesus vortrat und sagte: „Hier bin ich, bereite mir einen Leib."

Nehemias Reaktion auf den Hilferuf bestand im wesentlichen darin, daß er aufhörte zu fasten, sein Brot mit den Hungrigen teilte, die Obdachlosen in sein Haus aufnahm und den Nackten Kleidung gab. Er hat sich seinem Fleisch und Blut nicht entzogen.

Zunächst einmal war Nehemia aber von der schrecklichen Nachricht so erschüttert, daß er sich setzen mußte. Es war einfach zuviel für ihn, und er brach in Tränen aus.

Sich der Not ehrlich zu stellen könnte für viele ein erschütterndes Erlebnis werden. Dann müßte sich manch einer erst einmal hinsetzen und weinen. Und das wäre die beste Reaktion, die man sich überhaupt denken kann! Denn ich glaube, daß Gottes Stimme gar nicht zu uns durchdringen kann, wenn die Not nicht tiefes Mitleid in uns weckt.

Ich frage noch einmal: Brechen wir jemals in Tränen aus, wenn wir von der Not anderer erfahren? „Jesus weinte." Das ist der kürzeste Vers der Bibel, Johannes 11,35. Zwei Wort nur: „Jesus weinte." Die Apostel weinten. Und ich weiß, daß viele Männer und Frauen, die schon Großes für Gott getan haben, ebenfalls weinten. Haben Sie schon jemals um die Not anderer geweint? Denn Gott wird genau den Menschen gebrauchen, der um die Verlorenen weinen kann.

Nehemia trauerte, betete und fastete. Ich habe einmal bei einer Abendmahlsfeier in einer großen Kirche in Holland gepredigt. Ich sprach über die leidende Gemeinde Jesu und sagte in diesem Zusammenhang, daß vielleicht einmal eine Zeit kommen würde, in der unsere Tränen der Wein und unser Fasten das Brot wären. Doch welch eine reich gesegnete Zeit würde das sein! In der Bibel lesen wir, daß Gott unsere Tränen in einem Krug sammelt (Psalm 56,9). Es sind die Tränen, die wir weinen, wenn wir beten. Ich glaube, daß Gott schon viele Krüge voll hat. Eines Tages wird diese ganze göttliche Macht freigesetzt werden, und wir werden erleben, wie Gottes Geist in der Welt wunderbare Dinge tut. Hinter diesem Wirken des Geistes werden dann die Tränen, die Gebete und das Fasten von Gottes ganzem Volk stehen. Sie sollten darauf achten, daß auch Ihre Tränen ein Ausdruck der richtigen emotionalen Haltung sind.

Nehemia hatte eine sehr gute Stelle, und er war auch froh, am Hof des Königs zu sein. Er war aber ein Mensch, der lieber die Wahrheit wissen wollte – selbst wenn dieses Wissen ihn unglücklich machen würde –, als glücklich und zufrieden, aber dabei in Unwissenheit zu leben. Wenn wir wirklich geistlich wache, fragende Christen sind, so werden wir auf jeden Fall die Wahrheit wissen wollen, ganz gleich, wie diese Wahrheit aussehen mag, und selbst auf die Gefahr hin, daß wir dann für den Rest unseres Lebens unglücklich sind. Wenn wir aber die Wahrheit wissen, können wir auch etwas tun, um die Not zu lindern.

Wir müssen uns daher klar machen, daß die Kenntnis der Wahrheit wichtiger ist als unser persönliches Glück. Doch wenn wir das einmal begriffen haben, steht uns zum Glücklichsein die ganze Ewigkeit offen. Schließlich liegt unser höchstes Ziel in unserem irdischen Leben nicht darin, glücklich zu sein, sondern den Willen Gottes zu tun.

Als Nehemia über sein Volk und über Jerusalem die Wahrheit erfuhr, wurde er sehr traurig. Denn er weinte und fastete und klagte schließlich nicht deshalb, weil er glücklich, sondern weil er zutiefst bekümmert war. Hätte er sich über die Nachricht gefreut, hätte er wahrscheinlich Luftsprünge gemacht.

Ich glaube, Heilige sind Menschen, die vor Gott weinen können, weil etwas ihr Herz bricht. Durch diese Fähigkeit wird ihr Leben verändert, und Gott beginnt, sie für seine Ziele zu gebrauchen.

Nehemia berichtet: „… Ich war des Königs Mundschenk“ (Nehemia 1,11). Manche Leute rühmen sich, daß sie ihre gute Stelle aufgegeben haben, um ganz dem Herrn zu dienen – als müßte der Herr besonders erfreut sein, daß sie sich ihm zur Verfügung stellen. Meiner Ansicht nach spielen hier ein ausgeprägtes Geltungsbedürfnis sowie ein gewisser Stolz in geistlichen Dingen eine große Rolle, weil in Wirklichkeit niemand etwas aufgegeben hat.

Wir können für Gott *überhaupt nichts* aufgeben. Wir verstehen das Geschehen am Kreuz auf Golgatha völlig falsch, wenn wir Christentum mit Opfer gleichsetzen.

C.T. Studd, der Begründer des „Worldwide Evangelization Crusade“, den ich sehr hoch schätze, sagte einmal: „Wenn Jesus Christus Gott ist und für mich starb, dann kann kein Opfer für ihn zu groß sein.“

Nehemia hatte eine sehr gute Stelle, und ihm war klar, daß er sie würde aufgeben müssen. Zuvor jedoch mußte er mit dem König sprechen.

In jenen Tagen waren die Könige nicht so freundlich, wie wir es heute zum Teil von ihnen gewöhnt sind. Im Buch Esther lesen wir, daß selbst die Königin nicht ohne Erlaubnis zum König gehen durfte. Wenn sie es trotzdem tat und damit seinen Unwillen erregte, konnte es sie das Leben kosten.

Für Nehemia war es sehr gefährlich, dem König gegenüber auch nur ein Wort von seinem Kummer zu erwähnen. Wer in Gegenwart des Königs traurig war, konnte mit dem Tode bestraft werden. Nehemia wußte aber, daß in Jerusalem etwas anders werden mußte, genauso wie Sie und ich wissen, daß in unserer Welt etwas anders werden muß. Das geht nicht ohne Schwierigkeiten und Kämpfe ab. Sie können jeden Aufständischen fragen, jeden Guerillakämpfer, ganz gleich, ob in Asien, Afrika oder Lateinamerika. Es sind Menschen, die noch Ideale haben: Sie wollen eine andere Welt, eine veränderte Welt, und zwar auf dem schnellsten Wege. Aber sie alle sind davon überzeugt, daß sie dafür einen Preis zahlen müssen.

Sobald wir verstanden haben, was Gott mit dieser Welt vorhat, wird uns klar werden, daß auch wir einen Preis zahlen müssen, wenn wir dazu beitragen wollen, daß dieser Plan Wirklichkeit wird. Deshalb sprechen wir auch von „Streitern Christi“. Unser Leben in der Nachfolge Christi ist wahrlich ein harter Kampf.

Nehemias Freunde waren offensichtlich an einem Wochenende gekommen oder als Nehemia Urlaub hatte, doch es kam der Tag, an dem der Mundschenk wieder an seinen Arbeitsplatz zurückkehren mußte. An diesem Tag jedoch ist etwas anders als sonst. Die Veränderung hat sich in Nehemias tiefstem Innern abgespielt. Er hat von der Not seines Volkes in Jerusalem gehört, und deshalb kann er innerlich nicht mehr froh werden. Ich bete so oft, daß Gott Millionen von Menschen in ihrem Innern verändern möge, indem er ihnen die Augen öffnet, damit sie erkennen, wie es um diese Welt wirklich bestellt ist und welchen Plan Gott für die Welt hat.

Nehemia nahm also den Wein und ging zum König. Es heißt, daß er in Gegenwart des Königs noch nie zuvor traurig war. Es gehörte einfach zu seinen Pflichten, den König aufzuheitern, und so zeigte er immer ein lächelndes Gesicht, ob ihm nun danach zumute war oder nicht. Das bringen viele Leute fertig. Aber dieses Mal ist es anders bei Nehemia; er weiß zuviel. Er kann einfach kein Lächeln aufsetzen, obwohl er seine Stelle und sogar sein Leben aufs Spiel setzt, wenn er sich in Gegenwart des Königs etwas von seiner Traurigkeit anmerken läßt.

Der König fragt: „Warum siehst du so traurig drein? Du bist doch nicht krank? Das ist's nicht, sondern sicher bedrückt dich etwas."

An dieser Stelle gibt Nehemia zu, daß er große Angst hatte. Er war in seinem Leben an einen Wendepunkt gekommen. Um seines Volkes willen hatte er sein Leben in die Hände des Königs gelegt. Der König hatte gemerkt, daß ihm etwas schwer auf der Seele lag. Was Nehemia so bedrückte kam natürlich von Gott, und deshalb konnte er seinen Kummer unmöglich verbergen. Dieser göttliche Einfluß in Nehemias Leben war so stark, daß es selbst dem König auffiel.

In christlichen Kreisen scheint es oft eine Regel zu geben, die besagt, daß man seine Gefühle nicht zeigen darf. Wir zeigen nicht einmal unsere Freude darüber, daß wir Jesus kennen. Ich erinnere mich noch, wie es war, als ich nach langen Kämpfen Jesus Christus als meinen Erlöser kennenlernte und er durch seine Vergebung die Last meiner Sünden von mir nahm. Es war 1950, im tiefsten Winter, als ich mein

Leben mit allem, was dazugehörte, Gott übergab. Ich lag auf dem Rücken in meinem Bett und sagte nur: „Herr, wenn du mir den Weg zeigen willst, will ich dir folgen. Amen.“ Die Auswirkungen dieses einfachen Gebets zeigten sich am anderen Morgen; als ich durch die gepflasterten Straßen unseres Dorfes ging, war ich außer Rand und Band. Man hatte Mülltonnen auf die Straße gestellt, die geleert werden sollten. Vor lauter Freude sprang ich über sämtliche Mülltonnen, die ich entdecken konnte.

Noch in derselben Woche kam ein Nachbar zu mir und fragte: „Was ist denn mit dir passiert, Andrew?“

„Ich weiß nicht“, erwiderte ich. Damals war ich noch so zurückhaltend wie ein guter Calvinist, der es nicht gewöhnt ist, über seinen Glauben zu reden.

„Aber“, sagte er, „du bist doch wie ausgewechselt. Du siehst so glücklich aus!“

Später hörte ich davon, wie es D.L. Moody, dem großen amerikanischen Evangelisten des letzten Jahrhunderts, einmal ergangen war. Eines Tages ging Moody der Frage nach, was die Bibel zum Thema „Gnade“ sagt. Vor lauter Begeisterung über das, was er da las, stürmte er auf die Straße hinaus, packte den erstbesten Mann, der ihm gerade über den Weg lief, und fragte: „Kennen Sie Gnade?“ Völlig verblüfft fragte der Mann zurück: „Wie heißt sie denn mit Nachnamen?“ (Das Mißverständnis beruht hier darauf, daß „grace“, der englische Ausdruck für „Gnade“, zugleich ein Mädchenname ist.)

Warum versuchen wir nur immer, unsere Freude zu unterdrücken? Warum wollen wir unsere Traurigkeit unterdrücken? Warum wollen wir nicht zugeben, daß auch wir manchmal weinen? Haben wir etwa Angst, uns eine Blöße zu geben?

Tragen denn alle Christen eine Maske? Können wir nicht unsere Gefühle zeigen? Können wir nicht unseren Tränen freien Lauf lassen, wenn wir von einem großen Unglück irgendwo auf der Welt erfahren?

Wir sagen, daß wir Jesus nachfolgen. Er wurde als „Mann der Schmerzen" bezeichnet. Als Jesus vor dem Grab des Lazarus stand, weinte er. Er zeigte seine Gefühle, seine Liebe, sein Mitleid mit den Menschen, die trauerten. Er zeigte aber auch seinen Zorn über Ungerechtigkeit.

Warum nehmen wir uns nur immer so sehr zusammen? Legen wir doch diese Maske ab!

Nehemia hat trotz allem seinen Schmerz nicht verborgen; das Unglück seines Volkes, das kurz vor dem totalen Zusammenbruch stand, lastete einfach zu schwer auf seiner Seele. Und obwohl es ihm selbst gut ging, wollte er von Gott gebraucht werden. Das Bemerkenswerte daran ist, daß der König nach Nehemias Kummer fragte, weil er seine Gefühle nicht verborgen hatte. Und letzten Endes gab er Nehemia alles, worum dieser ihn für den Wiederaufbau Jerusalems bat, einfach weil Nehemias Schmerz so offensichtlich war.

Greifen wir an dieser Stelle dem weiteren Verlauf der Geschichte etwas vor. Nehemia reist nach Jerusalem und sieht sich bei Nacht die zerstörten Mauern der Stadt an. Doch zunächst sagt er keinem Menschen, was er vorhat. Schließlich bricht er sein Schweigen und erzählt, wie Gott ihm so gnädig geholfen hat. Die führenden Männer unter den Juden reagieren sofort, als sie das hören. „Wir wollen uns aufmachen und bauen!" erwidern sie (2,18).

Es gibt gar keine größere Freude, als die Erfahrung von Gottes Güte mit anderen Menschen zu teilen.

Deshalb sind Christen, die Zeugnis geben, auch immer fröhliche Christen. In Rußland habe ich einmal folgendes Sprichwort gehört: „Mit der Freude verhält es sich so wie mit dem Niesen. Wenn man versucht, das Niesen zu unterdrücken, fällt es sofort auf." Schämen Sie sich also nicht, ihre Gefühle zu zeigen!

Ich will Ihnen etwas sagen: Wenn Sie andere mit dem Evangelium erreichen wollen und dabei nicht ihre Gefühle ansprechen, wird es Ihnen nicht gelingen, Sie zu Christus zu führen. Wir sagen, daß wir Jesus nachfolgen. Doch noch nie wurde ohne Enthusiasmus (Begeisterung) etwas Großes vollbracht. Wenn Sie mich fragen, ob das biblisch ist, kann ich diese Frage nur bejahen. Denn was bedeutet das Wort „Enthusiasmus" überhaupt? Sie werden sich wundern. Es bedeutet nämlich wörtlich: „in Gott sein"*.

Nun eine Gewissensfrage. Was ist mit den Menschen, die nicht begeistert sind und doch sagen, sie seien in Gott? Ich muß zugeben, daß ich das nicht ganz verstehen kann. Jeder, der in Gott ist, sollte eigentlich begeistert sein von den Aufgaben, die Gott ihm gegeben hat. Im Römerbrief, Kapitel 12, Vers 11, finden wir die Aufforderung „Seid brennend im Geist". In der Menge-Übersetzung heißt es: „Seid feurig im Geist." Das ist „Enthusiasmus" im biblischen Sinne! Wenn wir immer nur deprimiert sind, weil in unserer zerrütteten Welt so vieles im Argen liegt, ändern wir nichts daran. Wir müssen *in Gott* sein. Dann werden wir von göttlichem Enthusiasmus erfüllt sein und darauf brennen, an die Arbeit zu gehen.

Betrachten wir nun eine andere Stelle, wo wir sehen, daß Nehemia seine Gefühle zeigt. Nachdem

---

* vom griechischen „en theos"

der Mauerbau vollendet ist und alle Tore eingesetzt sind (Kapitel 13), gönnt sich Nehemia erst einmal ein bißchen Ruhe. Aber in dem Moment, in dem man in seinem geistlichen Leben die Hände in den Schoß legt, ist Gefahr im Anzug. Bei Nehemia äußert es sich darin, daß der Priester Eljaschib dem Tobia, dem Feind Nehemias also, eine Kammer im Hause Gottes gibt. Und so sitzt der Feind plötzlich mitten im eigenen Lager.

Aber so geht es nicht. Wir können nicht an zwei verschiedenen Fronten kämpfen. Deshalb warnt der Apostel Paulus die Gemeinde Christi in seinen Briefen auch eindringlich vor der Sünde. Er hat keine Nachsicht mit Menschen, die weiterhin in Sünde leben und dabei behaupten, Christen zu sein.

Sie fragen vielleicht, wie es möglich war, daß der Priester dem Feind Nehemias ein Zimmer geben konnte? Ich kann Ihnen sagen, wie so etwas geschehen kann. In Nehemia 13,6 heißt es: „Aber bei alledem war ich nicht in Jerusalem ..." Während der führende Mann also abwesend war, beging das Volk eine große Dummheit. Welche Verantwortung tragen wir demzufolge als Nachfolger Christi in Zeiten, in denen unsere Leiter nicht da sind!

Was Nehemias Reaktion angeht, als er wieder nach Jerusalem kam und entdeckte, was der Priester getan hatte, so lesen wir: „Es verdroß mich sehr". Nehemia sah die großen Räume, die man für seinen Feind prächtig hergerichtet hatte. Kurzentschlossen öffnete er die Fenster und warf alle Stühle und Tische auf die Straße hinaus!

Wie wütend ist Nehemia in dieser Situation! Er hat seine Gefühle wirklich mit aller Deutlichkeit gezeigt! Warum sind wir nur immer so nett und freundlich?

Wir sind sogar zum Teufel nett! Doch wenn der Teufel uns Widerstand leistet, ist es nicht mehr angebracht, nett und freundlich zu sein. Wir sollten radikal für Jesus sein und dem Teufel ebenso radikal eine Absage erteilen. Unser „Nein“ sollte ebenso entschieden sein wie unser „Ja“, damit die Welt sieht, wo wir stehen. Nur so können wir dem Teufel widerstehen, und nur so kann unser Leben für Gott Frucht bringen.

Lauft so, daß ihr die Goldmedaille gewinnt!

In Nehemia haben wir einen Mann vor uns, der zunächst noch eine weltliche Arbeit tat. Obwohl er als Mundschenk des Königs einen guten Posten bekleidete, hätte seine Arbeit von fast jedem anderen auch getan werden können. Er brauchte als Mundschenk keine besondere göttliche Berufung.

Gott aber hatte für Nehemia eine besondere Arbeit, für die nicht jeder geeignet war: er sollte seinem Volk Israel helfen. Gott ruft also Menschen, die eine ganz gewöhnliche Arbeit tun, aus dieser Welt heraus, damit sie etwas tun, was nur sie allein tun können.

Die meisten Christen tun eine Arbeit, die ebensogut jemand anders tun könnte. Jeder kann Taxifahrer, Buchhalter oder Stenotypistin sein. Aber nur wer Jesus mit ganzem Herzen nachfolgt, kann Menschen für ihn gewinnen. Jeder Christ sollte den Herrn fragen: Was soll ich nach deinem Willen tun? Diese Haltung findet man bei den allerwenigsten Christen. Bedauerlicherweise haben Christen die gleiche Einstellung zum Leben, die gleiche Vorstellung, wie man es im Leben zu etwas bringt, wie Nichtchristen. Sie setzen genau die gleichen Prioritäten wie Ungläubige und haben die gleichen Gründe dafür.

Nur sehr wenige Christen fragen: Herr, was ist dein Wille für mich? Wenn wir aber danach fragen würden, würden wir von Gott auch eine Antwort bekommen. Dann würden wir in unseren Kirchen eine tiefgreifende geistliche Erneuerung erleben, weil Gott für jeden von uns eine bestimmte Arbeit hat, die niemand sonst tun kann.

Nehemia lebte zwar in der Verbannung, aber es ging ihm sehr gut, als die Brüder aus Juda zurückkamen und schlechte Nachrichten brachten. Man kann die Veränderung, die von da an in Nehemia vor sich ging, regelrecht mitverfolgen: Er hörte von der Not seines Volkes, dann demütigte er sich vor Gott und betete, fastete, weinte und klagte. Und in genau dieser Situation wurde er von Gott gerufen, denn Nehemia brachte die richtige Einstellung mit, so daß Gottes Stimme zu ihm durchdringen konnte. Woran erkennen wir nun einen Ruf Gottes?

Ein Ruf kann nicht von einem Menschen kommen; er kann nur von Gott kommen. Der Betreffende muß allerdings bestimmte Voraussetzungen erfüllen, bevor Gott ihn rufen kann. Wenn diese Voraussetzungen gegeben sind, geschieht etwas Wunderbares: Ein Mensch kann plötzlich Dinge tun, die man nie für möglich gehalten hätte. Er kann andere motivieren, er kann sie für seine Sache gewinnen und sie aktivieren. Und das sichtbare Ergebnis ist, daß die Mauern von Jerusalem wieder aufgebaut werden.

Warum haben eigentlich Hanani und die anderen Männer, die Nehemia die Hiobsbotschaft überbrachten, nichts unternommen, um ihrem Volk zu helfen? Wenn man um eine bestimmte Not weiß, ist man dann nicht verpflichtet, etwas dagegen zu tun? Dies mag nun freilich meine persönliche Einstellung sein, mein Hang zum Aktivismus, der vielleicht nicht immer sehr realistisch ist. Ich bin mir nämlich durchaus bewußt, daß es Probleme gibt, an denen man nichts ändern kann. Außerdem hat Gott jedem eine andere Aufgabe zugewiesen, jeder ist für etwas anderes verantwortlich. Um ein großes Vorhaben zu verwirklichen, braucht man viele Hände, die verschiedene Aufgaben erfüllen. Wir können deshalb nicht zu einem Bruder sagen: „Warum hast du denn nichts dagegen unternommen?" Denn seine einzige Aufgabe besteht vielleicht darin, uns von der Not zu berichten.

Hanani und die anderen Männer spielten als Überbringer der Nachricht eine sehr wichtige Rolle. Ihre Glaubwürdigkeit und Verläßlichkeit trugen dazu bei, Nehemia davon zu überzeugen, daß wirklich große Not herrschte. Und das war vermutlich ihre einzige Aufgabe: ihre Nachricht einem Mann zu überbringen, der bisher noch keinen Ruf hatte, der aber durch eben diese Nachricht von Gott berufen wurde. Das ist in der Tat eine sehr wichtige Aufgabe.

Nehemia war nicht der einzige, den Gott berufen hatte. Die Männer, die von Jerusalem kamen, waren ebenso von Gott berufen, wenn sie auch eine weniger spektakuläre Aufgabe zu erfüllen hatten. Wenn ich allerdings abwiegen müßte, welche Aufgabe wichtiger war, wüßte ich nicht, wie ich mich entscheiden sollte. Denn Nehemia hätte nichts tun können, wenn diese Männer nicht zu ihm gekommen wären und ihm von der Not berichtet hätten. Deshalb ist es so wichtig, daß wir treu sind.

Wenn wir also der Frage nachgehen, was zu einer göttlichen Berufung gehört, müssen wir demzufolge als erstes die Glaubwürdigkeit der Information nennen. Als Mitarbeiter von „Open Doors" müssen wir uns vergewissern, daß wir die Informationen, die wir über die verfolgte Gemeinde veröffentlichen, aus erster Hand haben. Die Nachrichten müssen also direkt von den Gläubigen stammen, ganz gleich, ob es die Sowjetunion, die Volksrepublik China oder Mozambique betrifft. Für Nehemia lag die Glaubwürdigkeit der Information darin, daß Hanani direkt von Jerusalem kam. Und da Hanani sein Bruder war, wußte Nehemia, daß er seinem Wort wirklich Glauben schenken konnte.

Die Geschichte von Nehemia zeigt, daß ein Mensch Gottes Ruf nur dann vernehmen kann, wenn er für die Not anderer ein offenes Ohr hat. Solange unsere Gedanken nur um unsere eigenen Probleme, Vorstellungen und Hobbys kreisen, kann Gott nicht mit einer Idee zu uns durchdringen, die über unseren beschränkten Horizont hinausgeht. Wir müssen ein offenes Herz haben, damit Gott uns den Gedanken eingeben kann, einen anderen Menschen, ein anderes Land oder einen anderen Kontinent zu erreichen.

Nehemias Herz war auch für die Not, die aus der Information sprach, empfindsam gemacht worden. Wir alle brauchen eine solche Konfrontation mit der Not. Das habe ich zum ersten Mal erfahren, als ich einen Bibelladen in Warschau aufsuchte. Der Besitzer des Ladens erzählte mir von einem professionellen Schmuggler, der zum Preis von 50 Dollar zehn russische Bibeln gekauft hatte, die er über die Grenze nach Rußland schmuggelte. Dort bekam er so viel dafür, daß er sich ein funkelnagelneues Motorrad kaufen konnte. Er schmuggelte das Motorrad nach Polen und verkaufte es dort auf dem schwarzen Markt für 20 000 Dollar.

Das Verlockende an diesem Stück freier Marktwirtschaft auf kommunistischem Territorium war für mich nicht der Profit, sondern vielmehr die Aufdeckung der Not – die Tatsache, daß Menschen bereit waren, für eine Bibel so viel Geld auszugeben. Ich dachte mir, wenn schon Ungläubige Bibeln schmuggelten, um damit ein gutes Geschäft zu machen, wieviel mehr sollten dann die Not anderer und die Liebe zum

Herrn uns Christen dazu motivieren, das gleiche zu tun, allerdings ohne einen Pfennig dafür zu nehmen.

Bisher haben wir die Situation der Juden in Jerusalem ausschließlich in einem negativen Licht gesehen. Immerhin hatten die Leute überlebt. Ich bin aber froh, daß diese Tatsache Nehemia nicht genug war. Er gab sich nicht mit dem Status quo zufrieden. Er stellte auch weiterhin ehrliche, bohrende Fragen, was schließlich dazu führte, daß er von Gott berufen wurde, etwas zu unternehmen.

Viele von denen, die behaupten, Gott habe sie nie in seinen Dienst gerufen, sollten eigentlich sagen, daß sie seinen Ruf noch nie *gehört* haben. Ein kleines Kind, das Hunger hat, wird tunlichst in Hörweite seiner Mutter bleiben, damit es hört, wenn die Mutter zum Essen ruft. Wenn das Kind aber weiß, daß ihm etwas Unangenehmes bevorsteht, wird es lieber außer Hörweite gehen. Es kommt also auf unsere Haltung an und nicht auf den Ruf selbst.

Nehemia befand sich in Hörweite, und daher hörte er auch die Stimme Gottes. Nehemia war bereit, sich einzusetzen für das, was Gott vorhatte. So hatte Gott ihn dazu berufen, etwas zu tun, was niemand anders tun konnte.

Jeder Christ kann von Gott einen solchen Ruf bekommen – einen Ruf, etwas zu tun, was niemand sonst tun kann. Sind das nicht aufregende Perspektiven? Warum sollen wir also noch länger als Mundschenk einem König dienen, wenn wir von dem König aller Könige Arbeit bekommen können?

Allerdings müssen wir zunächst einmal die Bereitschaft mitbringen, uns für Gottes Sache einzusetzen. Gott kann und wird uns nicht gebrauchen, wenn wir nicht willens sind, uns gebrauchen zu lassen.

Gott konnte außerdem erst dann zu Nehemia durchdringen, nachdem dieser seine Sünden bekannt hatte. Natürlich hatte Nehemia schon vorher mit Gott geredet, aber das tat jeder. Die Pharisäer redeten mit Gott, aber Gott nicht mit ihnen. Die Juden redeten mit Gott, aber Gott konnte oft nicht antworten. In vielen Religionen rufen die Menschen zu ihren Göttern, aber diese Götter geben keine Antwort. Nun aber tritt Nehemia hin vor Gott, um ihm seine Sünden zu bekennen und sich von ihm reinigen zu lassen. Und erst nachdem Nehemia Vergebung seiner Sünden empfangen hat und seine Beziehung zu Gott bereinigt ist, beginnt Gott, zu ihm zu sprechen.

Hand aufs Herz, wollen Sie das nicht auch? Sie wollen doch, daß Gott zu Ihnen spricht. Sie wollen seine Stimme hören. Schaffen Sie also die Voraussetzung dafür, daß er zu Ihnen sprechen kann! Bekennen Sie Ihre Sünden und stellen Sie sich Gott ganz zur Verfügung, ohne nach den Folgen zu fragen! Bitten Sie ihn, daß er Sie von aller Schuld reinigt und Ihnen vergibt. Er wird es ganz gewiß tun und Sie auf die Aufgabe vorbereiten, zu der er Sie berufen will.

Weil jene Männer aus Jerusalem Nehemia wahrheitsgetreu berichteten, welche Mißstände dort herrschten, und weil Nehemia sich vor dem Herrn demütigte und bekannte, daß sein Volk, das Haus seines Vaters und er selbst gesündigt hatten, fand Gott in ihm einen Menschen, den er für seine Pläne gebrauchen konnte. Nehemia tat jedoch noch ein übriges: Er brachte die Not seines Volkes sofort vor den allmächtigen Gott. Deshalb hat Gott ihm auch die Gabe des Glaubens geschenkt.

In jener Zeit gab es wohl im ganzen Nahen Osten niemanden, der an einen Wiederaufbau Jerusalems geglaubt hätte. Diese Stadt war abgeschrieben. Das Volk Israel existierte praktisch nicht mehr. Die führenden Schichten lebten in der Verbannung; die Armen waren schutzlos zurückgeblieben.

Gott hatte es zugelassen, daß die Juden unter fremde Herrschaft gerieten, weil sie sich von ihm abgewandt hatten. Was aber war mit dem Heilsplan Gottes? Was war mit Bethlehem? Was war mit dem Kreuz auf Golgatha? An Gottes Plan hatte sich nichts geändert, und damit dieser Plan verwirklicht werden konnte, mußte in der damaligen Situation etwas geschehen, auch wenn Gott nur einen einzigen Menschen erreichen konnte.

Und Gott fand diesen Menschen, Nehemia, der bereit war, sich Gott ganz hinzugeben und zu sagen: „Herr, ich weiß nicht, was du von mir willst, aber ich stehe dir zur Verfügung." In diesem Moment hat Gott Nehemia mit Glauben erfüllt. Stehen Sie Gott ebenso bedingungslos zur Verfügung?

Die Bibel sagt, daß der Glaube eine Gabe Gottes ist. Aber Gott trifft keine Schuld, wenn wir keinen Glauben haben. Wenn der Glaube eine Gabe Gottes ist, können wir darum bitten. In der Bibel heißt es: „Bittet, so wird euch gegeben" (Matthäus 7,7). Wenn wir also keinen Glauben haben, liegt der Fehler bei uns.

Gott sucht Menschen, deren Glaube so groß ist, daß sie ihn anderen mitteilen können. Es kostet aber seinen Preis, zu solch einem Menschen zu werden.

Später sehen wir Nehemia in Jerusalem bei der Arbeit. Inzwischen ist viel geschehen; auch in seinem Herzen hat sich einiges getan. Er hat Gottes Willen erfüllt; er hat Gottes Ruf gehorcht, aber noch immer tut er eine Arbeit, die wir als weltlich bezeichnen würden: Er baut eine Mauer. Ich sage dies deshalb, weil es in Wirklichkeit eine solche Aufteilung in weltliche und geistliche Geschäfte gar nicht gibt. Ich habe schon unzählige junge Leute vor dem Wunschtraum des vollzeitlichen Dienstes für Gott gewarnt. Viele meinen nämlich, dann seien sie im Reich Gottes etwas Besonderes. In Wirklichkeit aber gibt es viele unglückliche Diener Gottes, die viel glücklicher wären und auch viel mehr ausrichten könnten, wenn sie bei ihrer weltlichen Beschäftigung geblieben wären und dort ihren Herrn bezeugt hätten.

Als ich Christ wurde, arbeitete ich zunächst in einer Schokoladenfabrik in der holländischen Bezirkshauptstadt Alkmaar. Ich war voller Begeisterung und gewann viele Menschen dort für Christus. An meinem ersten Arbeitstag in dieser Fabrik, in der hauptsächlich für den Export in die Vereinigten Staaten und nach Deutschland feines Konfekt hergestellt wurde, konnte ich es kaum fassen, wie sich die Mädchen dort verhielten. Ihre Kraftausdrücke und ihre schmutzigen Witze waren sogar noch schlimmer als das, was mir in der holländischen Armee in Indonesien zu Ohren gekommen war.

„Warum wirst du denn dauernd rot, Andrew? Ich dachte, du warst beim Militär?“ fragte eine der Arbeiterinnen.

„So etwas bin ich selbst von meiner Soldatenzeit her nicht gewöhnt“, erwiderte ich.

Doch da war ein sehr zurückhaltendes Mädchen, das Büroarbeiten erledigte. Sie hieß Corrie und wurde später meine Frau. Eines Tages erzählte sie mir, daß sie mich gewöhnlich beobachtete, wie ich bei meiner langweiligen Arbeit – ich sortierte das Konfekt – meinen christlichen Glauben auslebte und bezeugte.

Sie sagte, daß es für sie eine ungeheure Ermutigung war zu sehen, daß ich mit Feuereifer eine Arbeit tat, die ein dreijähriges Kind hätte tun können, und daß ich damit auch anderen Zeugnis von meinem Glauben gab. Etliche waren auf mich aufmerksam geworden und wollten wissen, warum ich so anders war.

Trotz der rauhen Atmosphäre, die in dieser Fabrik herrschte, hat Gott dort Großes getan, und schließlich kamen so viele zum Glauben, daß ich zwei Jahre später sogar einige ermahnen mußte, nicht während der Arbeitszeit die Bibel zu lesen. Sie sangen sogar Loblieder bei der Arbeit. In dieser Abteilung war wirklich eine bemerkenswerte Veränderung vor sich gegangen. So etwas hatte ich noch nie erlebt.

Ich muß zugeben, daß die ersten Jahre meines vollzeitlichen Dienstes für Gott nicht annähernd so gesegnet waren wie meine Jahre in der Fabrik. Ich habe oft gebetet: „Bitte, laß mich wieder in die Schokoladenfabrik zurückgehen!“ Ich konnte nicht verstehen, warum ich nun, da ich ganz für Gott arbeitete, so unglücklich war. Ich bin durchaus nicht dagegen, wenn junge Leute sich ganz dem vollzeitlichen Dienst verschreiben; ich finde nur den *Wunsch* bedenklich, dies zu tun. Vollzeitlicher Dienst für den Herrn sollte nur ein allerletzter Ausweg sein. Paulus hat dies so ausgedrückt: „Ich tue es ... nicht aus eigenem Willen; mir ist das Amt befohlen“ (aus 1. Korinther 9,16-17).

Als ich noch in der Schokoladenfabrik arbeitete, schaute ich mich jeden Tag in der Fabrik nach Leuten um, mit denen ich reden, beten und Zeugnis geben konnte. Dann aber dachte ich: „Das ist nicht ehrlich; ich werde dafür bezahlt, daß ich arbeite, und dabei arbeite ich nur für den Herrn.“ Also gab ich meine Stelle dort auf und begann, ganz im Vertrauen auf Gott zu leben, aber dadurch wurde ich auch nicht glücklicher. Und im Grunde genommen brachte mein Dienst für den Herrn dadurch auch nicht mehr Frucht.

Gott arbeitet unablässig an uns, um unsere Herzen auf den höchsten Dienst vorzubereiten. Sie werden in Ihrem geistlichen Leben nie an einen Punkt kommen, an dem Gott aufhört, Sie auf einen noch höheren Dienst vorzubereiten. Auf welcher Stufe Sie sich im Moment auch befinden mögen, Gott ist immer dabei, Sie auf eine noch höhere Stufe vorzubereiten. Ich glaube, daß selbst der Tod eine Vorbereitung auf einen noch höheren Dienst ist, weil wir nach dem Tod gewiß nicht aufhören werden, Gott zu dienen. Für einen Menschen, der das ewige Leben hat, hört der Gottes-Dienst nie auf.

Gott hat ein bestimmtes Ziel für Ihr Leben, und Sie müssen alles tun, was Sie können, um dieses Ziel zu erreichen.

Im soeben zitierten Kapitel des Korintherbriefes vergleicht Paulus sein Leben mit einem Wettlauf (1. Korinther 9,24-27). Er sagt, daß er alle Kraft darauf verwendet, für den Wettkampf zu trainieren, und daß er sich immer wieder selbst anspornt, weil er entschlossen ist, den ersten Preis zu gewinnen. Mit anderen Worten: Wenn Sie an den Olympischen Spielen teilnehmen, gehen Sie nicht mit der Einstellung an den Start, daß Sie auch mit der Silbermedaille zufrieden sind! Ihr Ziel muß die Goldmedaille sein. Paulus sagt auch, daß nicht jeder Gold bekommen kann. Nur einer kann den ersten Preis gewinnen. Aber wir alle müssen die Einstellung haben: „Ich muß eine Goldmedaille gewinnen!"

Wer auf Gold fixiert ist, läßt sich nicht so leicht ablenken von den Dingen, die links und rechts am Weg liegen und die eigentlich korrekturbedürftig sind. Wenn wir Gottes Ruf Folge leisten wollen, dürfen wir uns von den Kommentaren und kritischen Bemerkungen anderer nicht zu sehr beeinflussen lassen. Wir müssen einen starken Charakter entwickeln, damit wir uns von anderen Leuten nicht so leicht von unserem Ziel abbringen lassen, nachdem wir eine Entscheidung im Sinne Gottes getroffen haben.

Lassen Sie mich auf diesen letzten Punkt etwas näher eingehen und dabei meine eigenen Gedanken zu diesem Thema darlegen. Ich glaube nicht, daß der Charakter etwas ist, was dem Menschen in die Wiege gelegt wird. Wir sprechen von der Ausbildung, von der Entwicklung des Charakters und der Persönlichkeit eines Menschen, der im Dienst des Herrn steht. Das alles ist Gottes Werk, und wir sollten ihm die Ehre dafür geben. Es ist das, was Gott in den Menschen hineinlegt. Wieviel Gott uns aber geben kann, hängt davon ab, wieviel wir von ihm annehmen wollen. Wenn ich mich Gott ganz hingebe, kann er auch etwas aus meinem Leben machen; wenn ich mich ihm aber verschließe und nicht höre, was er mir zu sagen hat, wenn ich nicht in der Bibel lese und nicht die Gemeinschaft mit anderen geistlichen Christen suche, verbaue ich mir selbst alle Möglichkeiten, dem Bild Jesu gleichgestaltet zu werden.

Dies ist ein Prozeß und nicht etwas, was Gott im Bruchteil einer Sekunde an uns vollbringt. Wir stehen unser ganzes Leben lang in diesem Wachstumsprozeß. Gott arbeitet ständig an uns, um uns zu verändern, und dabei müssen wir mit ihm zusammenarbeiten. Deshalb ist es unumgänglich, regelmäßig die Bibel zu lesen, über Gottes Wort nachzudenken, zu beten und so in Ihm zu wachsen.

Wachstum ist immer ein Prozeß. Lassen Sie mich dies anhand von drei Aussagen verdeutlichen, die der Apostel Paulus über sein eigenes Leben machte. Zunächst sagt er: „Ich bin der geringste unter den Aposteln" (1. Korinther 15,9). In einer späteren Phase seines Lebens bezeichnet er sich als den „allergeringsten unter allen Heiligen" (Epheser 3,8). Und schließlich sagt er, er sei der vornehmste unter den Sündern (1. Timotheus 1,15).

Diese drei Aussagen spiegeln eine Entwicklung wider: der geringste unter den Aposteln, der allergeringste unter allen Heiligen, der vornehmste unter den Sündern. Wenn wir nun der Frage nachgehen, in welcher Phase seines Lebens Paulus diese Aussagen jeweils getroffen hat, machen wir eine höchst interessante Feststellung: Sie kommen nacheinander in chronologischer Reihenfolge! Zwischen den ersten beiden Aussagen liegt ein Zeitraum von acht Jahren, und dann, am Ende seines Lebens sagt Paulus, er sei der schlimmste von allen Sündern. Je länger Paulus mit Gott lebt, um so mehr erfährt er über sich selbst, und umso deutlicher erkennt er, daß er selbst einfach nichts, Gott hingegen alles ist.

Genau das brachte auch Johannes der Täufer zum Ausdruck, als er von Jesus sagte: „Er muß wachsen, ich aber muß abnehmen." Sind wir schon an diesem Punkt angekommen?

Alle positiven Dinge, die sich in unserem Leben entwickeln, kommen von Gott. Nun können wir aber bei manchen Menschen mehr Positives entdecken als bei anderen. Heißt das etwa, daß Gott seine guten Gaben nach Ansehen der Person verteilt? Nein, vor Gott gibt es kein Ansehen der Person. Manche Menschen haben Gott einfach einen größeren Spielraum gegeben, in ihrem Leben zu wirken. Sie haben Gott mehr an ihrem Charakter arbeiten lassen.

Was ist nun unter Charakter zu verstehen? Der Charakter ist unser *wahres* Ich. Das, was wir sind, wenn wir im Dunkeln allein sind; nicht das, was zum Vorschein kommt, wenn wir auf der Rednerbühne stehen oder in einer fröhlichen Runde mit anderen zusammensitzen. Jeder kann eine Maske aufsetzen, aber wenn wir im Dunkeln allein sind, zeigt sich unser wahrer Charakter.

Bekennen wir also noch einmal: Bei Gott ist kein Ding unmöglich. Gott kann mich verändern, und was er an anderen Menschen tut, kann er auch an mir tun. Deshalb werde ich darum beten, daß Gott dasselbe auch an mir tut.

Um auf die Bibel zurückzukommen: Im Römerbrief heißt es: „welcher auch seines eigenen Sohnes nicht hat verschonet, sondern hat ihn für uns alle dahingegeben; wie sollte er uns mit ihm nicht alles schenken?" (Römer 8,32).

Wenn wir uns der Not dieser Welt stellen, wenn wir uns darauf vorbereiten, Gott zu dienen, müssen wir uns ein paar Fragen stellen: Was hat Gott bisher in meinem Leben getan? Welche Mittel und Möglichkeiten stehen mir zur Verfügung? Was kann ich in der Welt tun? Und noch eine letzte Frage: Ist mir wirklich klar, was Gott an mir tun kann? Gott kann in meinem Leben Wunder wirken. Er kann meinen Charakter verändern, so daß ich mein Ziel erreichen kann.

Manchmal sind wir so niedergeschmettert, wenn wir mit der Not konfrontiert werden, daß wir wie gelähmt sind. Das kann wirklich vorkommen. Ich erinnere mich an meinen ersten Besuch in Kalkutta. Diese Stadt ist wie ein eiterndes Geschwür, aus dem sich die ganze Welt ein Gewissen machen sollte. Tausende waren vom Hungertod bedroht, ganze Familien lebten auf der Straße. Kinder wurden gezeugt, geboren und mußten oft in den schmutzigen Straßen dieser fürchterlichen Stadt sterben, wo Tausende und Abertausende obdachlos sind.

Mir zog sich das Herz zusammen, als unzählige Mütter, die ihre schon fast leblosen Babies umklammert hielten, mir ihre ausgemergelten Hände entgegenstreckten und um Geld bettelten. Um ihre traurigen, müden Augen nicht zu sehen, hätte ich am liebsten weggeschaut oder wäre auf die andere Straßenseite gegangen. Aber das ist eigentlich ein zweckloses Unterfangen, weil es auf der anderen Straßenseite genauso viele hungernde Menschen gibt.

Als Soldat in Indonesien erlebte ich eine ähnliche Situation. Da wir nicht gläubig waren, hat es uns Soldaten recht wenig ausgemacht, wenn Menschen um uns herum starben. Wir dachten, wir könnten ihnen ohnehin nicht helfen. Und selbst wenn wir es gekonnt hätten, waren wir nicht bereit dazu. Jeden Morgen wurden die Leichen auf große Lastwagen aufgeladen und abtransportiert.

Während meines ersten Aufenthalts in Kalkutta wurde mir klar, daß sich für die Probleme dort eine Lösung geradezu anbietet – der Kommunismus. Schon seit vielen Jahren gibt es eine christliche Kirche in Kalkutta, doch die Zustände in dieser Stadt sind schlimmer denn je. Die Kommunisten würden rücksichtslos durchgreifen. Wenn sie die Macht ergriffen, gäbe es keine heiligen Kühe mehr, die unbehelligt durch die Straßen laufen, während gleichzeitig Menschen verhungern.

Während dieses ersten alptraumhaften Besuches fiel mir auch auf, daß bereits viele Inder zu dem Schluß gekommen waren, daß eine kommunistische Revolution die Mißstände beseitigen würde. Ich verfolgte kommunistische Demonstrationen in den Straßen. Noch nie hatte ich so viele Menschen gesehen, die rote Fahnen schwenkten, wenn man einmal vom Roten Platz in Moskau oder von Havanna nach der Machtübernahme Fidel Castros absieht. Das machte mir Angst, denn mir wurde klar, daß Indien in naher Zukunft kommunistisch werden könnte. Ich glaube, daß es in Indien eine kommunistische Revolution geben und der Kommunismus sich als Retter in der Not präsentieren wird, weil er die sozialen und wirtschaftlichen Probleme angehen würde, an denen bisher weder die westliche Welt noch die Kirche viel ändern konnten. Dann werden die Kommunisten sich auf die eigene Schulter klopfen und sagen: „Wir haben Indien gerettet!" Und in dieser Hinsicht werden sie damit sogar recht haben.

Wenn wir sehen, daß irgendwo große Not herrscht, und das Gefühl haben, daß wir nichts dagegen tun können, besteht die Gefahr, daß wir einfach kapitulieren, weil die Not zu groß ist. Selbst unser christlicher Glaube scheint in einem solchen Fall keine Lösung zu bieten.

Die entscheidende Frage ist, ob ich die Not zu Jesus bringe oder ob ich versuche, jenen Menschen aus eigener Kraft zu helfen. Nehme ich die Verantwortung auf mich, werde ich bald von der Last erdrückt werden und unfähig, anderen zu helfen.

Aber haben wir nicht gerade eben bekannt, daß für Gott kein Ding unmöglich ist? Habe ich gelernt, die Not, die ich irgendwo sehe, vor den allmächtigen

Gott zu bringen? Habe ich mein Leben Gott so übergeben, daß er mit dem, was er mir sagen will, auch zu mir durchdringt? Kann er mir vertrauen? Kann er mich aussenden? Kann er mich gebrauchen?

Ich betone, daß alles, was wir von Nehemia wissen, Gottes Werk ist. Wenn Gott dies alles in Nehemia hineingelegt hat, kann er dies auch bei Ihnen oder bei mir tun. Ich lehne jede Philosophie ab, die behauptet, daß nur einer für eine bestimmte Aufgabe fähig sei und ein anderer nicht. Gott ist es, der alles wirkt. Und Gott kann Sie oder mich oder Corrie ten Boom oder Billy Graham gebrauchen. Für ihn bedeutet das keinen Unterschied. Der einzige Unterschied, auf den es ankommt, besteht darin, daß jemand sagt: „Hier bin ich, Herr!“ Dann sind Gott keine Grenzen gesetzt.

„Ich will noch einen Stamm für Jesus gewinnen!“

Zur Zeit Nehemias suchte Gott nach einem Mann, den er für seinen Plan gebrauchen konnte. Da kamen einige Männer aus Juda und besuchten Nehemia. Und er fragte sie nach den Juden, die entkommen waren, und nach Jerusalem. Die Antwort, die er erhielt, war so negativ, daß er sich erst einmal hinsetzen mußte und fastete, betete und weinte.

Gott kannte den Mann, den er brauchte. Nehemia war ein Mensch mit einem offenen Herzen, ein Mensch, den Gott suchte und der genauso reagierte, wie er nach Gottes Willen reagieren sollte.

In dem Moment, in dem Nehemia mit dem Verstand und mit dem Herzen begriff, daß große Not herrschte, tat er das einzig Richtige – er brachte dieses Problem sofort vor Gott, weil er wußte, daß nur Gott die Lösung hatte. Nehemia wußte außerdem, daß er nur durch Beten und Fasten zu Gott durchdringen konnte. Also fing er an, zu beten und zu fasten.

Wenn ich eine Antwort geben müßte auf die Frage, welche Menschen Gott heute gebraucht, so würde ich sagen: Er gebraucht die Menschen, die sich vor ihm demütigen und ihm ihre Sünden bekennen.

Das Gebet Nehemias in Kapitel 1,5-11 ist eines der bewegendsten Gebete in der Bibel. Nehemia bekennt, daß er gesündigt hat und auch seine Familie und sein Volk gesündigt haben. Solange wir unsere Sünden nicht bekannt haben, wird Gott uns auch nicht dazu berufen, für ihn eine wichtige Aufgabe zu erfüllen.

Nehemia betete: „Ach, Herr, Gott des Himmels, du großer und furchtbarer Gott, der da hält den Bund und die Treue denen, die ihn lieben und seine Gebote halten. Laß doch deine Ohren aufmerken und deine Augen offen sein, daß du das Gebet deines Knechtes hörst, das ich jetzt vor dir bete Tag und Nacht für die Kinder Israel, deine Knechte ..."

Zuerst macht Nehemia sich bewußt, daß Gott alles hört und alles sieht. Gott weiß, was in der Welt heute vor sich geht. Wenn jemand über die Not dieser Welt zutiefst bekümmert ist, dann ist es Gott, weil er die Not der ganzen Welt kennt. Und ich bin überzeugt, daß er für jeden Menschen in dieser Welt eine Antwort auf alle seine Fragen und eine Lösung für alle seine Probleme hat. Was für ein weites Herz muß Gott haben!

Nehemia bezeichnet sich dann als Knecht Gottes. Das ist genau die richtige Haltung, denn wenn jemand als Knecht kommt, so bedeutet das, daß er bereit ist, Anweisungen entgegenzunehmen. Zu den Verantwortlichen in christlichen Werken kommen oft Leute, die sagen, sie wollten gern etwas tun, dabei aber zu vielen Dingen nicht bereit sind. Auch in unserer Arbeit ist es immer schwierig, Leute zu finden, die die schmutzige Arbeit tun, die eben auch getan werden muß.

Sind wir wirklich willig, Anweisungen entgegenzunehmen und etwas zu tun? Haben Sie schon einmal von dem großen Missionar C.T. Studd gehört? Studd, früher ein englischer Kricketspieler von internationalem Rang, hat den „Worldwide Evangelization Crusade" (Weltweiter Evangelisationskreuzzug) ins Leben gerufen. Er hatte zu den sogenannten „Sieben von Cambridge" gehört, die von England aus nach

China gingen und dort ein starkes evangelistisches Team bildeten, das mit Hudson Taylor zusammenarbeitete. Studd war einmal außergewöhnlich wohlhabend gewesen, aber er gab alles auf um Jesu willen. Er gab buchstäblich alles weg, was er besaß, und der Herr hat durch ihn Großes in China gewirkt. Da Studd unermüdlich arbeitete und ein entsagungsvolles Leben führte, wurde er schließlich schwerkrank. Er war so krank, daß die Ärzte ihn als „Museum für Tropenkrankheiten" bezeichneten. Als Studd nach England zurückkam, war er eigentlich ein gebrochener Mann.

Eines Tages sah er in der Stadt eine Ankündigung einer Versammlung für Missionare. Auf dem Plakat stand: „Missionare für Kannibalen gesucht". Studd mußte über den makabren Unterton, der in dieser Ankündigung mitschwang, lachen, ging aber dennoch zu der Versammlung. Dort wurde ihm klar, daß Gott ihn als Missionar in Afrika haben wollte.

Er war bereits Großvater und immer noch ein schwerkranker Mann; trotzdem ging er in den tiefsten Busch, wo noch nie ein Missionar gewesen war. Er arbeitete unermüdlich, um den Eingeborenen das Evangelium zu verkündigen. Während seines ganzen Aufenthalts in Afrika – siebzehn Jahre, in denen er unbeschreibliche Schmerzen litt – macht er kein einziges Mal Urlaub zu Hause. Seine Frau Priscilla sah er in dieser Zeit nur ein einziges Mal. Er liebte seine Frau, seine Kinder und seine Enkel, aber er wollte, daß sie in Großbritannien die „Heimatfront" organisierten und ihn zusammen mit anderen durch das Gebet unterstützten.

Ich habe mit einigen Leuten gesprochen, die mit Studd in Afrika zusammenarbeiteten, und habe dabei ganz erstaunliche Dinge über ihn gehört. Er war wirklich ein Vorbild für andere. Er suchte immer nach Leuten, die sein Werk fortsetzen konnten. Dabei war er ein strenger Lehrmeister. Er hatte alles für den Herrn aufgegeben, und er verlangte von seinen Schülern dasselbe. Er hatte auch das Recht dazu. Man kann nicht von jemand etwas verlangen, was man selbst nicht zuwege gebracht hat. Und Studd hatte selbst alles aufgegeben.

Da er gegen Ende seines Lebens große Schmerzen litt, bekam Studd oft schmerzlindernde Mittel verabreicht, damit er weitermachen konnte. Jimmy Taylor, ein Baptist, war immer bei ihm und pflegte ihn. Eines Nachts dachte Taylor, daß Studds letzte Stunde nun endgültig geschlagen habe. Er ging um elf Uhr zu ihm, um ihm eine Betäubungsspritze zu geben, damit der große Missionar schlafen konnte.

Gegen drei Uhr morgens wurde Taylor unruhig und wollte nachsehen, ob Studd noch lebte. Als er aber in Studds Hütte kam, fand er sie zu seiner großen Bestürzung leer vor. Auf dem Tisch lagen einige vollgeschriebene Seiten sowie ein kleiner Zettel, auf dem stand: „Lieber Jim, ich habe ein paar Kapitel aus der Apostelgeschichte übersetzt und bin dann mit dem Fahrrad losgefahren, um noch einen Stamm für Jesus zu gewinnen. Die Leute haben noch nie von ihm gehört."

Dabei hatte Studd gerade vor vier Stunden seine „letzte" Spritze bekommen! Niemand konnte mit C.T. Studd Schritt halten. Niemand konnte in seine Fußstapfen treten. Fast alle seine Mitarbeiter verließen ihn verzweifelt, weil sie nicht mithalten konnten.

Kurz vor seinem Tod rief er seine Tochter zu sich, die ihn gerade in Afrika besuchte, und sagte, er wollte ihr gern etwas zum Andenken an ihren Vater schenken. Er sah sich in seiner Hütte um und sagte dann: „Ich habe nichts mehr übrig. Ich habe alles Jesus gegeben." Können wir das auch von uns sagen?

Ein Mann namens Harrison wollte C.T. Studd bei seiner missionarischen Arbeit in Afrika helfen, aber Studd ließ ihn von früh bis spät nur tischlern und schustern. Zwei volle Jahre lang tat Harrison nichts anderes. Das hätte er freilich auch zu Hause in England tun können und viel Geld dabei verdient, aber er tat die gleiche einfache Arbeit in Afrika, weil er sie aus tiefstem Herzen für Jesus tat. Als C.T. Studd starb, wurde Harrison sein Nachfolger – weil er bereit war zu dienen.

Die meisten Menschen wollen nur geistliche Ämter innehaben. Wir wollen gern vor den Leuten stehen und predigen. Und wenn jemand uns bittet, im Garten zu graben, sagen wir: „Dazu hat der Herr mich nicht berufen." Das mag zwar stimmen, aber Gott *hat* uns zum Dienen berufen, und ein Diener gehorcht immer. Gott kann uns zehn Jahre lang im Garten graben lassen, aber er wird diese Zeit dazu benutzen, uns auf die eine große Aufgabe vorzubereiten.

In Ihrem Leben kann die Zeit kommen, da Sie an einem einzigen Tag eine ganze Stadt oder ein ganzes Volk erreichen. Erst dann werden Sie verstehen, warum Sie alle Jahre Ihres Lebens hindurch dienen mußten.

Genau diese Einstellung finden wir bei Nehemia. Er wußte, daß ein Diener bereit sein muß, seinem Herrn zu gehorchen. Es hat keinen Sinn, wenn Sie für die Welt beten, solange Sie nicht zum Dienen bereit sind, denn im Grunde genommen müssen Sie dem Menschen dienen, den Sie zu Christus führen wollen.

Als Bote Jesu können Sie nur in der Rolle und in der Haltung eines Dienenden kommen. Deshalb hat Jesus auch gesagt: „Ihr sollt euch nicht Rabbi nennen lassen." Seien Sie daher kein Meister und kein Herr! Seien Sie ein Diener, denn nur wenn Sie anderen Menschen dienen, können Sie ihnen auch helfen.

Nehemia bekleidete einen hohen Posten im Palast des Königs; trotzdem war er sich dessen bewußt, daß er in seinem Verhältnis zu Gott und den Menschen ein Diener war. Das ist eine der Voraussetzungen, die erfüllt sein müssen, bevor Gott Sie gebrauchen kann.

Nehemia fährt in seinem Gebet mit einem Sündenbekenntnis fort (Vers 6): „... und bekenne die Sünden der Kinder Israel, die wir an dir getan haben; und ich und meines Vaters Haus haben auch gesündigt." Ohne Sündenbekenntnis gibt es keine Vergebung der Sünden. Ohne Vergebung der Sünden sind wir nicht frei, anderen von Jesus zu erzählen. Wenn es etwas gibt, was den Gläubigen verstummen läßt, ist es Sünde, die er nicht bekannt hat.

Nehemia hat auch die Sünden seines Volkes bekannt. Das ist zwar nicht besonders schwer. Es ist immer einfach zu sagen: „Wir haben gesündigt." Aber wir müssen noch einen Schritt weitergehen und sagen: „Ich bin ein Sünder, weil ich gesündigt habe." Und wenn ich gesündigt habe, so heißt das nun einmal, daß ich ein Sünder bin, selbst wenn das Wort Gottes sagt, daß ich ein Heiliger bin. Wenn Sie wieder gesündigt und Ihre Sünde nicht bekannt haben, sind Sie heute ein Sünder, dann kann Gott Sie nicht so gebrauchen, wie er gern möchte.

Ich sage nicht, daß Gott Sie überhaupt nicht gebraucht. Gott gebraucht jeden von uns. In dem Versuch, vor Gottes Ruf davonzulaufen, anstatt nach

Ninive zu gehen und dort das Wort Gottes zu predigen, floh Jona auf ein Schiff, das nach Tarsis fuhr. Und obwohl Jona ungehorsam war und in Sünde lebte, setzte Gott ihn auf diesem Schiff für seine Zwecke ein. Die Seeleute waren Heiden, aber als sie von Jonas Berufung und von seiner Sünde erfuhren, fingen sie an, zu dem einzig wahren Gott zu beten. So war Jona selbst durch seinen Ungehorsam noch ein Segen für vielleicht zwanzig Leute auf dem Schiff.

Gott kann Sie immer gebrauchen. Aber stellen Sie sich nur einmal vor, was Gott tun könnte, wenn Sie nicht in Sünde lebten! Falls es also in Ihrem Leben eine Sünde gibt, die sie noch nicht bekannt haben, und Sie sehen, daß Gott Sie trotzdem gebraucht, nehmen Sie diesen kleinen Segen nicht als Ausrede dafür, Ihre Beziehung zu Gott nicht bereinigen zu müssen! Wenn Sie Ihr Verhältnis zu Gott und Ihren Mitmenschen in Ordnung bringen, kann Gott Sie noch zehn oder hundert Mal mehr gebrauchen, als er es jetzt schon tut. Ist das Ihr Wunsch? Ihre wichtigste Sorge sollte immer sein, daß nichts zwischen Ihnen und Gott steht. Dann kann Gott Ihnen zu seiner Zeit geben, was immer er für Sie bereithält.

Ich erinnere mich noch, wie mich der Herr vor etlichen Jahren – es war im Juli 1953 – an einige Jugendsünden erinnerte, die ich eigentlich schon vergessen hatte. Plötzlich erkannte ich, daß ich wegen dieser Sünden Gottes Segen nicht in seiner ganzen Fülle erfahren konnte. Ich war damals gerade mit meinem englischen Freund, Onkel Hoppy, in Glasgow bei einer Versammlung der Methodisten, in der es um das Thema „Heiligkeit“ ging. Damals war es mein ernster Wunsch, die Kraft des Heiligen Geistes zu empfangen. Ich wußte, daß dies für mein geistliches Wachstum nötig war.

Als ich den Herrn bat, mich mit dem Heiligen Geist zu erfüllen, erinnerte er mich an Sünden, die ich in meiner Jugend begangen hatte und die ich noch nicht bekannt hatte. Das erste „Delikt" hatte mit meinem älteren Bruder Ben zu tun, auf den ich früher sehr eifersüchtig war. Ich war immer der Meinung gewesen, daß er von meinen Eltern bevorzugt wurde, weil er der älteste Sohn war. Ben hatte den schönsten Schrank und die schönsten Kleider; er hatte auch viel mehr Geld als ich, und ich wußte, daß er sein ganzes Geld in einem Sparschwein in seinem Zimmer aufbewahrte. Als er eines Tages fortgegangen war, schüttelte ich die Münzen heraus. Dann meldete ich der Polizei, daß ich auf der Straße Geld gefunden hätte. Es gab damals ein Gesetz, daß der Finder die Fundsachen zunächst behalten konnte, und wenn sie nicht innerhalb eines Jahres zurückverlangt wurden, gingen sie in seinen Besitz über. Ich trieb dieses Spiel regelmäßig und sammelte mir so bald ein kleines Vermögen an.

Dieses „Delikt" hatte ich schon völlig vergessen, aber als ich Gott damals in Glasgow um den Heiligen Geist bat, kam es mir wieder ins Bewußtsein. Es war, als würde Gott zu mir sagen: „Andrew, ich kann dir nicht mehr geben, wenn du nicht zuerst deine Sünde bekennst." Also schrieb ich meinem Bruder einen langen Brief, in dem ich zugab, daß ich ihn bestohlen hatte, und ihn um Vergebung bat. Ich versprach ihm auch, das Geld zurückzuzahlen. Ben antwortete mir mit einem wunderschönen Brief.

„Andrew", schrieb er, „da gibt es nichts zu vergeben oder zurückzuzahlen. Das einzige, was wir einander schulden, ist Liebe."

Zur gleichen Zeit erinnerte mich der Herr daran, daß ich während des Krieges Äpfel gestohlen hatte. In der Nähe meines Elternhauses war ein großes Gut, wo Tausende von Kisten voll saftiger Äpfel standen. Da ich es nicht schaffte, die ganzen Äpfel aus den Kisten herauszukriegen, schnitt ich durch die Ritzen der Kisten kleinere Stücke, die ich dann aß. Ich beschloß, zu dieser Firma hinzugehen, sobald ich wieder Urlaub hatte, um Schadensersatz zu leisten. Der Firmenchef war sehr überrascht, als ich ihm von meinen Beutezügen während des Krieges erzählte, und er war noch überraschter, als ich ihm anbot, das Zehnfache von dem zurückzuzahlen, was ich glaubte, gestohlen zu haben.

Ich erklärte ihm, daß ich Christ geworden war, und daß dies der Grund sei, weshalb ich so handelte.

Der Firmenchef sah mich an und sagte: „Meine Güte! So etwas habe ich noch nie gehört! Ich wünschte, wir hätten Zeit, über Gott zu sprechen." Damit entließ er mich.

Dann ging ich in ein Geschäft, wo ich Feuerzeuge und Taschenmesser gestohlen hatte, als ich etwa zwölf Jahre alt war. Ich gestand dem Ladenbesitzer meinen Diebstahl, und er nahm meine Entschädigung dankbar an.

„Wenn jeder so handeln würde, der hier im Laufe der Jahre etwas mitgehen ließ, könnte ich den Laden zumachen und Millionär werden", sagte er.

Ich habe also das Unrecht, das ich in meiner Jugend begangen habe, bekannt und wieder gutgemacht. Das wurde zu einer wichtigen Erfahrung für mich, und es hat mich zweifellos näher zum Herrn gebracht.

Nehemia erkannte, daß die Sünde seines Volkes, seiner Kirche, seiner Familie und seine eigene Sünde ihn unfähig machte, dem Herrn zu dienen. Das Geständnis „Ich habe gesündigt“ ist sicher besonders schwer, weil es bedeutet, daß wir Gott sagen müssen, war wir getan haben. Nehemia betete (Kap. 1, Vers 7): „Wir haben übel an dir getan, daß wir nicht gehalten haben die Gebote, Befehle und Rechte, die du geboten hast deinem Knecht Mose.“ Nehemia bekennt also eine Unterlassungssünde.

Meiner Ansicht nach ist es viel leichter, Sünden zu bekennen, die man aktiv begangen hat, weil man in diesem Fall selbst als erster die Folgen zu spüren bekommt. Man hat nämlich keinen Frieden mehr mit Gott, nachdem man gesündigt hat. Demgegenüber ist es schwieriger, Unterlassungssünden zu bekennen – Dinge also, die man eigentlich hätte tun sollen, aber dann doch nicht getan hat. Denn diese Sünden bereiten zwar anderen Menschen Probleme, aber man selbst ist nicht so davon betroffen. Vielleicht ist das auch der Grund, weshalb wir nicht den Mut haben, nach den Problemen anderer Menschen zu fragen. Im Grunde sind alle Probleme der Welt eine Folge davon, daß wir Gottes Gebote nicht befolgen.

Solange ich lebe, werde ich den Missionsbefehl Jesu predigen. Denn mit diesem Befehl hat Jesus uns die Lösung für alle Probleme der Welt gegeben. Wir aber haben uns nicht daran gehalten; wir sind noch nicht in alle Welt gegangen; wir haben das Wort Gottes noch nicht allen Völkern gebracht. Es gibt immer noch 3 000 Volksgruppen, in deren Sprache noch kein einziger Bibelvers übersetzt wurde. Wußten Sie, daß es heute mehr Analphabeten in der Welt gibt als je zuvor in der Geschichte? Es gibt heute auch zahlenmäßig mehr Menschen als je zuvor in der zweitausendjährigen Geschichte des Christentums, die das Evangelium noch nicht kennen. Und mehr Regierungen als je zuvor dulden keine missionarische Arbeit. In einer Reihe von Ländern gibt es keine offizielle Kirche. Zum Beispiel in Afghanistan, Saudi Arabien, Mongolei, Nordkorea, Libyen, Jemen, Tibet und Albanien. In der Mongolei hatten vor dem zweiten Weltkrieg einige christliche Gemeinden bestanden, und auch in Albanien hatte es eine kleine Gruppe amerikanischer Missionen gegeben, die in der Nähe der griechischen Grenze arbeiteten, aber sie verließen das Land 1938, zusammen mit den einzigen albanischen Christen, von denen man weiß. Wir Mitarbeiter von „Open Doors" haben bei mehreren Besuchen auch nicht einen einzigen Gläubigen in Albanien ausfindig machen können. In Afghanistan, Saudi Arabien und Jemen hat noch nie eine offizielle Kirche existiert. Und warum nicht? Weil das Volk Gottes sich nicht an Gottes Gebote gehalten hat. Genau das bekennt auch Nehemia in seinem Gebet.

Unsere Unterlassungssünden sind wohl noch viel schwerwiegender als unser sündhaftes Handeln, und doch gibt es da einen feinen Unterschied. Wir können uns nämlich der größten Unterlassungssünden schuldig gemacht haben und trotzdem bei den anderen Achtung genießen. Ich glaube, daß genau darin das Problem liegt. Wir können als die anständigsten, frömmsten Christen erscheinen, aber in den Augen Gottes sind wir die schlimmsten Sünder, weil wir nicht getan haben, was Jesus uns geboten hat.

Vielleicht haben Sie das Buch „Der Schmuggler Gottes" gelesen. Ich bin sehr traurig, daß es überhaupt geschrieben werden mußte. Vor über fünfundzwanzig Jahren, als die in dem Buch beschriebenen Ereignisse sich abspielten, gab es keine einzige Mission, die in kommunistischen Ländern tätig war. Das Buch mußte eben deshalb geschrieben werden, weil meine Arbeit zur damaligen Zeit etwas Außergewöhnliches war und die Leute mehr darüber erfahren wollten. Wenn 5 000 Menschen dieselbe Arbeit getan hätten, wäre es niemand eingefallen, ein solches Buch zu schreiben.

Verstehen Sie, was ich damit sagen will? Wenn wir getan hätten, was Jesus uns aufgetragen hat, hätten wir die sogenannten „verschlossenen" Länder nicht vernachlässigt. Dann hätten viele Kirchen und Missionen *die ganzen Jahre über* Missionare in diese Länder geschickt.

Nehemia betete weiter (Kap. 1,8-9): „Gedenke aber doch des Wortes, das du deinem Knecht Mose gebotest und sprachst: Wenn ihr mir die Treue brecht, so will ich euch unter die Völker zerstreuen. Wenn ihr euch aber zu mir bekehrt und meine Gebote haltet und sie tut, so will ich, auch wenn ihr versprengt wäret bis an des Himmels Ende, euch doch von da sammeln und will euch bringen an den Ort, den ich erwählt habe, damit mein Name dort wohne."

Wir sehen hier, daß Gottes Verheißungen immer an bestimmte Bedingungen geknüpft sind. Nichts von alledem, was wir in der Bibel lesen, wird geschehen, nur weil es eben in der Bibel steht. Gott wird immer nur dann mit seinem Volk zusammenarbeiten, wenn sein Volk ihm treu ist.

Nehemia betet: „Sie sind ja doch deine Knechte und dein Volk, das du erlöst hast durch deine große Kraft und deine mächtige Hand" (Vers 10). Nehemia stützt sich hier einfach auf das Wort Gottes. Er hatte keine Ahnung, wo alle diese Menschen lebten. Bis vor kurzem hatte er nicht einmal gewußt, was in Jerusalem vor sich ging, und dabei war das die heilige Stadt, wo die Überreste des Tempels standen. Und doch bezeichnet er das ganze Volk als Gottes Volk und nimmt im Glauben Gottes Verheißungen für dieses Volk in Anspruch.

Nun wird Nehemia mit Glauben erfüllt. Während er noch zu seinem Gott betet, sieht er sein Volk bereits erlöst, obwohl er weiß, daß die Mauern von Jerusalem zerstört und seine Tore verbrannt sind und daß das Volk in großem Unglück und in Schmach lebt. Mit seinem natürlichen Auge sieht er wohl die objektive Realität, aber mit seinem geistlichen Auge sieht er das Volk bereits erlöst. Liegen die objektive und die geistliche Realität zu weit auseinander? Das muß nicht so sein. Gott braucht lediglich einen Vermittler einzuschalten – einen Menschen, der Gott restlos ausgeliefert ist –, um beide Realitäten zusammenzubringen.

Wenden wir uns noch einmal Nehemias Gebet zu. In Vers 11 lesen wir: „Ach, Herr, laß deine Ohren aufmerken auf das Gebet deines Knechtes und auf das Gebet deiner Knechte, die von Herzen deinen Namen fürchten. Und laß es deinem Knecht heute gelingen und gib ihm Gnade vor diesem Mann!" Nehemia hat nun die Not vor Gott gebracht. Er hat sich zur Verfügung gestellt, um die Kluft zwischen dem, was er im Glauben sieht, und dem, was seine Sinne ihm sagen, zu überbrücken. Und er betet sogar ganz unverhohlen um Erfolg!

Beten wir jemals ausdrücklich um Erfolg? Wir bitten gewöhnlich um Gottes Segen, und oft habe ich die Befürchtung, daß dabei Erfolg mit Segen gleichgesetzt wird. Aber im Erfolg liegt nicht immer Segen, und Segen muß nicht immer Erfolg bedeuten.

Erfolg ist in der Regel das, was wir mit unseren Augen und mit unserem Verstand erfassen können; Segen hingegen hat mit dem Reich Gottes zu tun. Jesu Tod am Kreuz sah nach außen hin zwar nicht wie ein Erfolg aus, aber in Gottes Augen war es ein Erfolg. Wenn wir unser Leben für die Welt hingeben, so mag dies zwar auch nicht wie ein Erfolg aussehen, aber es ist die einzige Möglichkeit, wie wir für die Welt zum Segen werden können. Genau diese Art von Segen ist im Reich Gottes ein Erfolg. Ist dieser Segen auch Ihr Wunsch? Nehemia hat sich angeboten, für andere ein Segen zu sein. So wurde er zu einem Mann, den Gott gebrauchen konnte.

Vom Beten

Nehemia war vor allem ein Mann des Gebets. Sobald er mit einem Problem konfrontiert wurde, brachte er es sofort im Gebet vor den Herrn. Erinnert das nicht sehr an Jesus? Hat nicht auch er oft gebetet? Am späten Abend noch, nachdem er die Jünger nach Hause geschickt hatte, ging Jesus auf den Berg, um zu beten. Während die Jünger tief und fest schliefen, war Jesus allein draußen in der Nacht und betete.

Schauen wir uns Nehemias Gebetsleben einmal näher an. Im ersten Kapitel des Buches, als ihm die schlimme Nachricht von Jerusalem überbracht wurde, heißt es, daß er sich hinsetzte, weinte, klagte und dann vor dem Gott des Himmels fastete und betete. Sein ergreifendes Gebet, in dem er seine Sünden bekannte, haben wir bereits betrachtet.

Was ist unsere erste Reaktion, wenn wir erfahren, daß irgendwo große Not herrscht? Bringen wir die Situation auch sofort im Gebet vor Gott? Wenn wir das nicht tun, wird Gott uns sicher nicht dazu berufen, etwas gegen die Not zu tun.

Vor kurzem wurde mir bewußt, daß ich dringend mehr Zeit brauchte, um mit dem Herrn allein zu sein. Ich mußte daher meine Sekretärin und andere Mitarbeiter bitten, das Büro in unserem Garten zu räumen. Diese Entscheidung wurde von meinen Mitarbeitern, die nun in unsere Zentrale in Ermelo umgesiedelt sind, zwar nicht begeistert aufgenommen, aber es mußte einfach sein.

Oft wollte ich nämlich spätabends noch ins Büro gehen, um dort zu beten und mit dem Herrn allein zu sein, und traf dann noch Leute dort an. Ich muß aber einfach laut beten oder weinen oder lesen, und daher brauchte ich einen Ort, an dem ich absolut ungestört bin. So mußten meine Mitarbeiter leider weichen.

Meiner Ansicht nach ist es für jeden Christen unbedingt nötig, daß er einen Ort hat, an dem er allein sein kann. Deshalb hieß Gott Abraham auch allein aufs Feld hinausgehen, wo er zu ihm sagte: „Sieh gen Himmel und zähle die Sterne; kannst du sie zählen? So zahlreich sollen deine Nachkommen sein!"

Jakob mußte nachts allein zu dem Fluß gehen, wo der Engel Gottes mit ihm kämpfte und er einen neuen Namen bekam, nämlich Israel.

Moses ging allein zur Stiftshütte, wo der Herr gegenwärtig war. Gott hätte nie im Lager mit ihm geredet.

Wir sollten uns davor hüten, von früh bis spät beschäftigt zu sein, denn auf diese Weise können wir in unserem geistlichen Leben keine Frucht bringen. Es gehört zu den Tricks des Teufels, daß er uns ständig das Gefühl gibt, wir hätten noch tausend Dinge zu erledigen. Auf diese Weise werden wir unser eigentliches Ziel verfehlen bzw. nie in der Lage sein, ein ganzes Volk an einem einzigen Tag zu erreichen, wie ich es schon einmal formuliert habe. Es kann ein ganzes Leben lang dauern, bis Gott einen Menschen soweit vorbereitet hat, daß er ihn in einem bestimmten Augenblick für etwas Großes gebrauchen kann. Johannes der Täufer erlebte einen solchen Augenblick; er wurde zum größten aller Propheten, als er bezeugte, wer Jesus ist: „Siehe, das ist Gottes Lamm, welches der Welt Sünde trägt!" (Johannes 1,29).

Im Lukas-Evangelium (Kap. 7) bezeichnet Jesus Johannes den Täufer als den größten aller Propheten. Johannes konnte nur deshalb zum größten Propheten werden, weil er lange Zeit in der Zurückgezogenheit der Wüste lebte und in dieser Zeit von Gott auf seinen Dienst vorbereitet wurde. Johannes mußte also einen Preis dafür zahlen.

Mit dem Herrn allein zu sein, ist immer ein Problem für mich, wenn ich auf Reisen bin. Denn wenn ich nach einem langen Flug in ein Hotel komme, bin ich immer versucht, mich vor den Fernseher zu setzen und mich vor der nächsten Versammlung noch etwas zu entspannen. Am stärksten ist diese Versuchung immer in den Vereinigten Staaten, weil es da so viele christliche Sendungen gibt. Habe ich den Fernseher erst einmal eingeschaltet, komme ich nicht mehr davon los. Daher besteht meine einzige Rettung darin, ihn gar nicht erst einzuschalten.

Ich bete gewöhnlich: „Herr, bitte gib, daß mir an diesem Ort der Himmel offensteht.“ Dann kann ich eine gesegnete Zeit mit dem Herrn erleben, aber vorher muß ich darum kämpfen.

In Kapitel 2 wird berichtet, wie Nehemia vor dem König stand und dieser ihn fragte, warum er so traurig sei. Daraufhin fing Nehemia an, von der Situation der Juden in Jersualem zu erzählen, und prompt fragte der König: „Was begehrst du denn?“ Nehemia erzählt rückblickend weiter: „Da betete ich zu dem Gott des Himmels und sprach zum König ...“

Können Sie sich vorstellen, wie dieses Gespräch zwischen Nehemia und dem König weitergeht? Der große König und gewaltige Herrscher fragte Nehemia, wie er ihm helfen könnte. Was denken Sie, was Nehemia wohl tun wird? Wird er in seinem Notizbuch nachsehen, worum er den König bitten soll? Wird er in einen abgeschiedenen Winkel gehen, um dort auf die Knie zu fallen und um eine Antwort zu beten?

Nehemia hat es hier mit einem heidnischen König zu tun, der eine sehr direkte Frage gestellt hat. Er erwartet eine prompte Antwort und bekommt auch eine. Es ist bemerkenswert, was Nehemia in dieser Situation tut: „Da betete ich zu dem Gott des Himmels und sprach zum König …" Ich bezeichne das als „Telegramm-Gebet". Es war so kurz, daß der König es gar nicht bemerkte.

Glauben Sie an „Telegramm-Gebete"? Ich glaube daran. Bei jedem Grenzübergang spreche ich ein solches Gebet. Denn schließlich war es mir nicht möglich, mich nicht hinzuknien und zu beten, während ein Grenzposten mein Gepäck und mein Auto durchsuchte. Durch ein „Telegramm-Gebet" kann ich aber zu jeder Zeit und sofort mit dem Herrn in Kontakt kommen.

Ich erinnere mich an eine Gelegenheit, als ein solches Gebet dringend nötig war. Ich war damals mit meinem Kollegen Rolf in Moskau unterwegs. Wir fuhren in einem großen Lieferwagen, den ich innen am Heck und an den beiden Seiten mit einer Verkleidung versehen hatte, um so unsere Ladung von 800 Bibeln zu verstecken. Die einzige Möglichkeit, wie ich diese Bibeln mitten in Moskau aus diesem Versteck herausbekommen konnte, bestand darin, Hunderte von Nieten auszubohren und dann die ganze Verkleidung abzunehmen.

Ich gab Rolf Anweisung, kreuz und quer durch die russische Hauptstadt zu fahren, während ich fieberhaft bei der Arbeit war. Unser Wagen hatte holländische Nummernschilder, und so hätten wir jederzeit angehalten werden können, zumal Rolf in rasantem Tempo bei Rot über die Kreuzungen fuhr, daß einem angst und bange werden konnte.

„Nicht so schnell!“ mahnte ich ihn, während mir der Schweiß aus allen Poren brach. Er aber fuhr mit durchgedrücktem Gaspedal weiter, immer vom Roten Platz zu den Vororten und wieder zurück, während ich dabei war, die Nieten auszubohren.

Da hielt Rolf urplötzlich mit quietschenden Bremsen an, und in meinem Versteck hinter dem hauchdünnen Vorhang hörte ich, wie jemand mit kläffender Stimme etwas auf russisch sagte, wahrscheinlich so etwas wie: „Sie haben gegen die Verkehrsordnung verstoßen!“

Ich erkannte sofort, daß es sich um einen Polizisten handelte. Augenblicklich schickte ich ein Stoßgebet zum Himmel. „Herr“, flüsterte ich, „bitte gib, daß er nichts sieht!“

Ich wußte, daß wir nach menschlichem Ermessen in der Falle saßen. Ich hatte bereits einige Verkleidungen abgenommen und war gerade dabei, unsere Schmuggelware in mein altes Gummiboot zu packen. Rolf plauderte in einem fort mit dem Polizisten auf holländisch, was den Mann offensichtlich verwirrte, während ich hinten saß und kaum zu atmen wagte.

Nachdem der Polizist uns eine kleine Strafpredigt gehalten hatte – von der wir natürlich nicht sehr viel verstanden –, zischte er: „Sie können weiterfahren ...“ Rolf lächelte ihn an, ließ den Motor an, und schon setzten wir unsere turbulente Fahrt durch Moskau fort, diesmal allerdings in etwas langsamerem Tempo. Bald hatte ich alle Bibeln umgepackt, brachte dann die neuen Nieten an und malte mit etwas Farbe darüber. So dauerte es nicht lange, bis unsere haarsträubende Fahrt zu Ende war und die Bibeln in den Händen dankbarer Christen der Moskauer Untergrundkirche gelandet waren.

Als wir die Bibeln an der vereinbarten Stelle übergaben, betete ich: „Hab Dank, Herr, daß du unser Telegramm-Gebet erhört hast!“

Ich glaube allerdings, daß Gott solche Gebete nur unter einer Bedingung erhört: daß wir uns zum Beten Zeit nehmen, *wenn wir Zeit haben.* Schließlich hat auch Nehemia tagelang gebetet, gefastet, geweint und seine Sünden bekannt, bevor er zum König ging.

Das zeigt uns wieder, was für ein Mensch Nehemia war. Er brachte seine Not vor Gott. Nur so können wir unsere Last überhaupt tragen. Sobald wir versuchen, die Last allein zu tragen, werden wir darunter zusammenbrechen. Wenn wir das, was uns bedrückt, nicht vor Gott bringen, können wir nichts tun. In dieser Hinsicht ist Nehemia ein leuchtendes Vorbild.

Nehemia war einfach ein Mann des Gebets. Diesen göttlichen Charakterzug hatte Gott in ihn hineingelegt. Und weil er ein Mann des Gebets war, konnte Gott ihn auf so wunderbare Weise gebrauchen. Gott wußte, wie Nehemia vor dem Thron des Königs reagieren würde. Von der richtigen Reaktion hing unendlich viel ab. Denn wenn Nehemia kein Mann des Gebets gewesen wäre und die falsche Antwort gegeben hätte, hätte dies Folgen für die Zukunft von ganz Jerusalem gehabt.

Auch eine prompte Antwort oder Handlung unsererseits kann auf die ganze Weltlage ungeheure Auswirkungen haben. Müssen wir erst noch lernen, uns in allen Dingen ebenso unverzüglich an Gott zu wenden, wie Nehemia es tat?

Das ist auch ein Grund, weshalb wir regelmäßig die Bibel lesen sollten. Denn da finden wir viele Gebete und Berichte von Menschen, die geübte Beter waren und von denen wir lernen können.

So auch von Nehemia. In Kapitel 3 betet er: „Höre, unser Gott, wie verachtet sind wir! Laß ihren Hohn auf ihren Kopf kommen, daß du sie der Plünderung preisgibst in einem Land, in das man sie gefangen führt! Decke ihre Missetat nicht zu, und ihre Sünde tilge nicht vor dir, denn sie haben die Bauleute gelästert!" (Verse 36-37).

In diesem Gebet geht es um praktische Dinge. Feinde drohen, dem Mauerbau ein Ende zu setzen. Nun aber reicht ein Gebet zum Herrn nicht immer aus, um das Problem zu lösen oder um die Widerstände, mit denen Satan die Pläne Gottes zu durchkreuzen sucht, auszuschalten. Auch in Jerusalem geht der Widerstand gegen den Mauerbau weiter, und im nächsten Kapitel heißt es (Vers 3): „Wir aber beteten zu unserm Gott und stellten gegen sie Tag und Nacht Wachen auf zum Schutz vor ihnen." Die Bauleute beteten und arbeiteten. Das Beten kam aber an erster Stelle, und Gott hat ihnen wohl Antwort gegeben. Es scheint nämlich, als habe Gott selbst ihnen Anweisung gegeben, zum Schutz Wachen aufzustellen.

In Kapitel 6, Vers 9, finden wir eine andere Art von Gebet. Nehemia spricht mit seinen Feinden, und plötzlich betet er: „Nun aber stärke meine Hände!" (Menge). Nehemia wird sich auf einmal seiner Unfähigkeit, die Situation zu meistern, bewußt. Er ist einfach zu schwach, das gerade anstehende Problem zu lösen. Deshalb wendet er sich an Gott und bringt seine Not schnurstracks in einem Stoßgebet vor ihn.

Im gleichen Kapitel, Vers 14, finden wir noch ein Gebet. Nehemia berichtet hier wieder von den Versuchen seiner Feinde, den Wiederaufbau der Mauer zu vereiteln. Da betet er plötzlich: „Gedenke, mein Gott, des Tobia und Sanballat, nach diesem ihrem

Tun, auch der Prophetin Noadja und der andern Propheten, die mich abschrecken wollten." Auch hier besteht Nehemias Reaktion auf die Drohung der Feinde darin, daß er sich sofort an seinen Gott wendet.

Wir müssen uns vor Augen führen, welch große Bedeutung Nehemias Kampf zukommt. Ungeheuer viel stand auf dem Spiel! Denn wenn Nehemia nicht in der Lage gewesen wäre, zum Schutz des Tempels und der ganzen Stadt die Mauer wieder aufzubauen, hätte es wohl kein Weihnachten gegeben. Das mag zwar merkwürdig klingen, aber es ist so. Der Tempel mußte bestehen bleiben, damit auch die jüdische Religion erhalten blieb und weiterhin Priester und Propheten hervorbringen konnte, bis eines Tages dem Priester Zacharias ein Engel des Herrn erschien und ihm die Geburt Johannes des Täufers sowie das Kommen Jesu ankündigte. Die Stadt Jerusalem mußte erhalten bleiben, damit das Judentum sich von diesem Zentrum aus über das ganze Land ausbreiten konnte. Das wiederum bedeutete, daß der Kaiser Augustus sein Gebot erlassen konnte, demzufolge jeder in die Stadt gehen sollte, wo er geboren war, um sich dort eintragen zu lassen. Nur auf diese Kette von Ereignissen ist es schließlich zurückzuführen, daß Josef und Maria nach Bethlehem gingen, wo Jesus geboren wurde.

Das alles stand mit dem Wiederaufbau Jerusalems auf dem Spiel. Die Angriffe gegen Nehemia waren daher eindeutig ein Versuch Satans, den Wiederaufstieg des jüdischen Volkes zu verhindern, damit das Ereignis, das alle Propheten vorausgesagt hatten, nicht stattfinden konnte.

In Kapitel 2, Vers 10, lesen wir: „Als das hörten Sanballat, der Horoniter, und Tobia, der ammonitische Knecht, verdroß es sie sehr, daß einer gekommen war, der für die Kinder Israel Gutes suchte." Der Ammoniter war natürlich ein Nachkomme Abrahams, wie auch Sanballat und die in dem Buch erwähnten Araber. Tatsächlich stammen die Araber ebenso von Abraham ab wie die Juden auch. Es ist traurig, aber wahr, daß die fanatischen Anhänger falscher Religionen fast immer die schlimmsten Feinde wahrer Diener Gottes sind – nicht die Atheisten, wie wir im allgemeinen annehmen. Meiner Ansicht nach ist auch nicht der Kommunismus unser größter Feind; noch schlimmer sind Gleichgültigkeit und falsche Lehren innerhalb der Kirche selbst.

Auch Nehemias Feinde haben ihn deshalb angegriffen, weil sie eines anderen Geistes Kind waren. Diejenigen, die nur dem äußeren Anschein nach religiös sind, werden die Heiligen immer verfolgen. Auch heute noch kommen die schlimmsten Angriffe von seiten der Kirche, die in Wirklichkeit gar keine ist.

Interessanterweise bedienen sich die kommunistischen Staaten ganz bewußt bestimmter Zeremonien, die sie von der christlichen Kirche kopiert haben. Die Konfirmation wurde beispielsweise durch die Jugendweihe ersetzt. Und so gibt es in kommunistischen Ländern einen Ersatz für alle christlichen Embleme und Zeremonien, weil man weiß, daß dies der beste Weg ist, das Wahre, Echte zu zerstören.

Das Groteske dabei ist, daß der Teufel nicht sehr originell ist. Er arbeitet immer mit den gleichen schmutzigen Tricks. Wenn man einen kennt, kennt man alle. Gerade deshalb ist es auch so wichtig, über den „brüllenden Löwen" mehr zu wissen.

In Kapitel 9 finden wir ein weiteres Gebet. Dort hat Nehemia einige Mitarbeiter um sich versammelt, um ihnen bestimmte Aufgaben zu übertragen. Er gibt einige Bereiche, für die er bisher verantwortlich war, an andere ab und fordert sie auf, aufzustehen und den Herrn zu loben. Hier bringt Nehemia nicht nur ein Problem vor Gott, sondern seine Mitarbeiter, die Gott selbst ihm auf seine früheren Gebete hin gegeben hat.

Das Gebet in Kapitel 9 – ebenfalls ein sehr schönes Gebet – wird von den Leviten gesprochen, wahrscheinlich unter Leitung des Propheten Esra. Es ist ein recht langes Gebet: es fängt bei Vers 5 an und geht bis Vers 37. Im Alten Testament gibt es insgesamt drei außergewöhnliche Gebete, die besonders hilfreich sein können, wenn Sie gerade eine geistliche Dürreperiode durchmachen und eine geistliche Erneuerung brauchen. Sie sind leicht zu behalten, weil sie alle jeweils im neunten Kapitel vorkommen: Esra 9, Nehemia 9 und Daniel 9. Es steckt eine so tiefe geistliche Einsicht in diesen Gebeten, daß Sie geistlich neu belebt werden, wenn Sie sie betend nachsprechen und den Herrn dabei bitten, diese Bitten in Ihrem eigenen Leben zu verwirklichen.

Da das Gebet in Nehemia 9 von den Leviten gesprochen wird, will ich nun nicht länger darauf eingehen. Weitere Gebete Nehemias finden wir in Kapitel 13, in den Versen 14, 22, 29 und 31. Es handelt sich jeweils um kurze Gebete, die in den Bericht seiner zahlreichen Aktivitäten in Jerusalem eingestreut sind. Nehemia berichtet hier von seinen Problemen und von seinen Vorhaben, und plötzlich spricht er ein kurzes Gebet, das eigentlich ein Ausruf ist. Dies alles zeigt uns deutlich, daß Nehemia auf Schritt und Tritt mit Gott durch das Gebet verbunden war.

In Nehemia haben wir einen Mann des Gebets vor uns. Dabei können wir feststellen, daß fast immer eine bestimmte Not zum Auslöser für sein Gebet wurde. Nehemia betete also deshalb, weil er unter der ungeheuren Last zusammenzubrechen drohte. Wenn aber jemand unter seiner Last zusammenbricht, ist er zu nichts mehr zu gebrauchen. Deshalb sollten wir uns, sobald wir mit einer bestimmten Not konfrontiert werden, damit sofort im Gebet an Gott wenden. Daraufhin wird Gott uns sicher zeigen, was wir in dieser Situation tun können.

Durch Beten wurde Nehemia dazu befähigt, Gottes Stimme zu hören. Während er betete, sagte Gott zu ihm: „Mache dich auf und tue etwas dagegen!" Hätte er nicht gebetet, sondern nur über seine eigene Situation und über seine schrecklichen Feinde gejammert, hätte Gott ihn nie gebrauchen können. Aber Nehemia fand im Gebet die richtige Einstellung; er demütigte sich vor Gott, so daß Gott ihn einsetzen konnte.

Nehemia war ein Mann des Gebets, aber er besaß auch Mut, und meiner Ansicht nach gehören diese beiden Eigenschaften zusammen. Denn wer viel betet, lernt Gott besser kennen, und wer Gott kennt, braucht sich vor nichts mehr zu fürchten. In Kapitel 6, Vers 11, kommt dies sehr schön zum Ausdruck. Nehemia erfährt, daß seine Widersacher ihn töten wollen, und seine Freunde raten ihm zur Flucht. Nehemia aber erwidert: „Sollte ein Mann wie ich fliehen?"

Im Grunde unseres Herzens würden wir alle vor großen Problemen am liebsten davonlaufen. Diese Tendenz läßt sich durch die ganze Bibel hindurch beobachten. Als Israel gegen das Heer der Philister und deren Held Goliath antreten mußte, hätten wohl alle Männer Israels am liebsten das Weite gesucht. Es gab nur einen jungen Mann, der seinen Gott kannte. Er hatte schon oft mit seinem Gott geredet; er hatte schon Großes für ihn getan, nur hatte es niemand gesehen, weil er damals mit seiner Schafherde allein war. Er hatte mit einem Bären und mit einem Löwen gekämpft, weil er sich für die Schafe seines Vaters verantwortlich fühlte. Und weil er in kleinen Dingen, die man ihm anvertraut hatte, treu gewesen war, war er auch in dem Moment treu, als die Existenz seines Volkes auf dem Spiel stand. Im tiefsten Innern spielte sich bei David das gleiche ab wie bei Nehemia: „Sollte ein Mann wie ich fliehen?"

Deshalb bat er König Saul, ihn mit dem Riesen kämpfen zu lassen. Und zu Goliath sagte er: „... der Krieg ist des Herrn, und er wird euch in unsere Hände geben" (1. Samuel 17,47).

So mutig kann man nur sein, wenn man den Herrn genau kennt.

Die gleiche Situation, wie sie in dieser Geschichte geschildert wird, finden wir auch in der heutigen Zeit. Wir im Westen lassen uns nämlich von den Sowjets genauso in Angst und Schrecken versetzen, wie sich die Israeliten von Goliath ins Bockshorn jagen ließen. Wir betrachten den Kommunismus als unseren größten Feind – für die Israeliten war Goliath der Feind Nummer eins. Im ersten Buch Samuel, Kapitel 17,25, lesen wir: „Und die Männer von Israel sprachen: Habt ihr diesen Mann gesehen, der da heraufkommt?" (Menge). Damit wollten sie zum Ausdruck bringen, wie groß und stark er aussah. Er stellte tatsächlich eine große Gefahr für sie dar.

David aber sah ihn an und sprach: „Wer ist dieser unbeschnittene Philister, der das Heer des lebendigen Gottes verhöhnt?" Für David stand also nicht so sehr das Problem als solches im Vordergrund als vielmehr die Größe Gottes.

Wenn meine Mitarbeiter und ich gerade die kommunistischen Länder zu unserem Missionsfeld gemacht haben, so steht dahinter die gleiche Überzeugung, die auch David hatte: es ist die Größe Gottes, die die verfolgte Gemeinde am Leben erhält. Diese Kirche ähnelt dem traurigen Rest Jerusalems, dem Nehemia zu Hilfe gekommen ist. Unsere Arbeit besteht in wenigen Worten darin, zu stärken, was noch übrig ist und zu sterben droht.

Wenn wir die Kirche Jesu Christi in den kommunistischen Ländern im Blickfeld haben, müssen wir das Problem im richtigen biblischen Zusammenhang sehen. Das hat David getan. Unser Blick ist dann nicht mehr auf den großen Feind fixiert, wie es besonders in Amerika der Fall ist. Ich denke dabei an die vielen antikommunistischen Prediger in den Vereinigten Staaten, die ihre ganze Zeit und Energie in den Kampf gegen den Kommunismus investieren. Sie glauben, mit ihrer antikommunistischen Kampagne Amerika vor dieser Gefahr bewahren zu können. Ich behaupte aber, daß sie das Problem falsch angehen. Solange man auf den Kampf gegen den Kommunismus fixiert ist, ist man vor Angst gelähmt. Und dann kann man unmöglich gewinnen. Alle, die in unseren Tagen gegen den Teufel kämpfen, haben den Kampf schon verloren, weil er mehr Erfahrung hat als wir.

Wir brauchen nichts weiter zu tun, als beim Kreuz Zuflucht zu suchen, Jesus den Kampf zu überlassen und uns auf sein Werk von Golgatha zu stützen. Das ist der Kern der christlichen Botschaft. Aber die Menschen haben das immer noch nicht begriffen; sie kämpfen weiter und sind die Verlierer.

David rückt die Situation ins rechte biblische Licht, als er sagt, daß dieser unbeschnittene Philister keinen

Platz und kein Anrecht im Reich Gottes hat. Das ist auch der Grund, weshalb es uns gelingt, in die kommunistischen Länder oder in die anderen sogenannten „verschlossenen" Länder hineinzukommen: Wir suchen dort die Gemeinde, das heißt den Leib Christi, den niemand zerstören kann. Wir sehen nicht auf das Problem, sondern richten unseren Blick auf die Größe Gottes. Auf diese Weise schaffen wir es, in verschlossene Länder hineinzukommen.

David hatte keine Angst, als er gegen Goliath antrat. Auch wir bekommen keine schlotternden Knie, wenn wir über die Grenze ins Feindesland gehen. Das liegt nicht etwa daran, daß wir so mutig wären, denn wir sind es nicht. Übrigens würde ich auch nicht dann von Mut sprechen, wenn jemand keine Angst hat; für mich besteht Mut darin, daß man trotz der Angst weitermacht.

Später, in Vers 45, sagt David zu Goliath: „Du trittst mir mit Schwert und Lanze und Wurfspieß entgegen, ich aber trete dir entgegen mit dem Namen des Herrn der Heerscharen, des Gottes der Schlachtreihen Israels ..." (Menge). Damit bringt er zum Ausdruck, daß er Goliath weit überlegen ist, weil Gott auf seiner Seite steht. Dieses Wissen gib auch mir ein beruhigendes Gefühl, wenn ich in die Länder reise, die nur schwer zugänglich sind.

Das hat nichts mit Eigenlob zu tun; es ist vielmehr ein Ausdruck von Glauben. Der wahre Grund für all mein Handeln liegt darin, daß ich im Namen des Herrn der Heerscharen komme.

David sagt in Vers 46: „... damit alle Welt innewerde, daß Israel einen Gott hat." Genau das ist auch Ziel und Zweck unserer Arbeit: Wir wollen die Schwäche der finsteren Mächte entlarven, das unfehlbare Wort Gottes in alle Welt hinaustragen und verkündigen, daß Jesus Christus der Sieger ist und bleibt. Er wird von einem Meer bis zum anderen und von einem Ende der Welt bis zum anderen herrschen. Sein Königreich wird kein Ende haben. Die ganze Welt wird merken, daß es einen Gott gibt, und genau das macht unsere Arbeit so interessant.

Auf meinen Reisen durch kommunistische Länder habe ich viele junge Menschen getroffen, die ihr Land verlassen wollten. Ihr Ziel war der „freie" Westen, vorzugsweise Amerika. Ich habe immer zu ihnen gesagt: „Tun Sie es nicht! Wenn Sie Gott wirklich kennen, sollten Sie nicht fliehen. Sie müssen hierbleiben und Gott in Ihrem Land dienen. Schließlich können Sie nur da für Gott kämpfen, wo Gott Feinde hat. Wenn Sie den Rückzug antreten und der Auseinandersetzung aus dem Weg gehen, begeben Sie sich vielleicht in die Gefahr, daß Sie nicht mehr unter Gottes Schutz stehen."

Glücklicherweise sind viele diesem Rat gefolgt; sie sind in ihrem Land geblieben und geben heute mit großer Kraft Zeugnis von Jesus. Aber viele von denen, die ihr Land verlassen haben und nach Amerika gegangen sind, sind in ihrem geistlichen Leben zurückgegangen. Wenn Gott uns seinen Mut gibt, können wir auch den stärksten Widerstand ertragen und werden uns nie vor dem Feind fürchten.

Vor einigen Jahren sprach ich in einer Versammlung in Havanna (Kuba) über ein Thema, das in Johannes 10 behandelt wird: der gute Hirte. Der gute Hirte läßt seine Schafe nicht im Stich, sonst handelt er wie der Mietling. Nach der Predigt stand auf einmal ein gutgekleideter Mann auf; es stellte sich heraus, daß er Pfarrer war. „Bruder Andrew", sagte er vor der ganzen Versammlung, in der es plötzlich ganz still geworden war, „ich wollte eigentlich nach Amerika auswandern. Meinen Ausreiseantrag habe ich bereits gestellt, aber nach dem, was Sie uns über den guten Hirten gesagt haben, der bei seinen Schafen bleibt, habe ich heute abend vor Gott beschlossen hierzubleiben."

Da standen alle auf und klatschten stürmisch Beifall. Man hörte Rufe wie „Gracias, Padre! O gracias, Padre!" („Danke, Vater! O danke, Vater!") Die Freude war groß. Dieser Mann ist tatsächlich in Kuba geblieben, und der Herr hat seine Arbeit in den schwierigen Verhältnissen dort reich gesegnet.

Ich wurde schon von vielen Leuten – unter anderem auch von Beamten des Pentagon in Washington – bedrängt, ich solle Holland verlassen und mich an einen Ort zurückziehen, wo ich weniger leicht greifbar wäre, weil mir von seiten der Sowjets Gefahr drohe.

„Bruder Andrew, Sie müssen doch auf ihrer Abschußliste an erster Stelle stehen", sagte mir einmal ein hoher amerikanischer Offizier. Ich erwiderte ihm: „Wenn ich davonlaufen würde, würde der Teufel mich einholen. Ich kann nur dann Gottes Schutz für mich in Anspruch nehmen, wenn ich nicht von seinem Willen abweiche. Davon abgesehen würde ich den Gläubigen, die ihr Leben aufs Spiel setzen, weil sie in den ‚verschlossenen' Ländern bleiben und dort für Gott arbeiten, ein sehr schlechtes Beispiel geben, wenn ich mich selbst in Sicherheit bringen wollte."

Ich werde nicht gehen; ich glaube nämlich, daß wir alle an dem Platz und in der Verantwortung bleiben sollten, in die Gott uns gestellt hat.

Deshalb sage auch ich wie Nehemia: „Sollte ein Mann wie ich fliehen?"

Was die Geschichte von Nehemia angeht, so gab es in Israel damals Tausende, die in Not waren. Sie alle waren sich dieser Not bewußt. Die meisten von ihnen beteten wahrscheinlich tagtäglich in ihrer verzweifelten Lage zu Gott ... und doch geschah nichts. Vielleicht haben sie sogar schon gedacht, daß Gott ihre Gebete nicht erhöre.

Die große Wende kommt genau in dem Augenblick, als ein Mann alle seine Rechte und Privilegien aufgibt, seine Not vor Gott bringt und damit gleichzeitig zum Vermittler wird. Gott hat jeden Gläubigen zum Propheten und Priester berufen. Was ist nun aber ein Priester? Er ist ein Mittler zwischen Gott und den Menschen. In dem Moment, in dem Sie bei Gott für einen anderen Menschen Fürsprache einlegen, üben Sie das Priesteramt aus. Ein Priester legt eine Hand auf die Schulter eines Menschen und die andere auf den Thron Gottes. So bringt er Gott und Mensch miteinander in Kontakt und läßt weder den einen noch den anderen los, bis ein sichtbares Ergebnis erreicht ist.

Genau das hat auch Nehemia getan. Er war der Mittler zwischen der Not Israels und dem allmächtigen Gott. Und er war aufrichtig besorgt um das Wohl seines Volkes.

Beten sollte eine geistliche Reaktion sein, für uns genauso selbstverständlich wie zum Beispiel das Atmen. Durch das Gebet ruft Gott Menschen zum Handeln auf. Wir sollten daher nicht enttäuscht sein, wenn andere „nur" versprechen, für eine bestimmte Sache zu beten; denn Beten ist der erste Schritt hin zu einem verstärkten Engagement. Wenn wir beten, öffnet Gott uns die Augen, so daß wir dem Feind auf die Schliche kommen und uns gleichzeitig über die Bedeutung unseres eigenen Tuns klarwerden.

Sind Sie empfindlich?

Nehemia war ein Mann von überragendem Weitblick. Er verstand offensichtlich etwas von Planung und war ein guter Stratege. Es ist schwer zu sagen, zu welchem Zeitpunkt ihm klar wurde, daß er derjenige war, der die Mauern von Jerusalem wieder aufbauen sollte. Wir wissen nur, daß er seine jüdischen Freunde erst in seine Pläne einweihte, als er schon einige Tage in Jerusalem war. Sein Ziel stand aber zweifellos schon länger fest.

Während seines Gesprächs mit dem König sichert sich Nehemia einen Brief an Asaph, „den obersten Aufseher über die Wälder des Königs, damit er mir Holz gebe zu Balken für die Pforten der Burg beim Tempel und für die Stadtmauer und das Haus, in das ich einziehen soll." Nehemia wußte also ganz genau, worum er bitten mußte, und wozu er diese Dinge brauchen würde.

Es steht außer Zweifel, daß Gott uns für seine Pläne gebrauchen möchte. Jeder einzelne Christ ist dazu berufen, für Gott zu arbeiten. Bevor wir allerdings an die Arbeit gehen, müssen wir erst eine gewisse Vorstellung davon haben, wie diese Arbeit aussehen soll.

Lassen Sie mich dies an einem ganz einfachen Beispiel verdeutlichen. Angenommen, Sie wollen auf einer Baustelle arbeiten, auf der gerade ein Haus gebaut wird, und der Meister stellt sie als Maurer oder Zimmermann ein. Was tun Sie dann? Sie werden sicher nicht aufs Geratewohl irgendwo anfangen. Wenn Sie ein Maurer sind, werden Sie nicht einfach hergehen und ein paar Steine aufeinandersetzen.

Wenn Sie ein Zimmermann sind, werden Sie nicht einfach Hammer und Nagel nehmen und ein paar Holzbretter zusammennageln. Dabei würde nie ein Haus herauskommen.

Sie müssen zuerst einen Entwurf vor Augen haben, einen Plan. Sie müssen wissen, was Sie tun werden und warum Sie es tun werden. Sie müssen Ihre Funktion innerhalb der Bauarbeiter kennen, die das betreffende Haus bauen.

Das ist auch in jedem christlichen Werk ein außerordentlich wichtiges Prinzip, nur wird es leider allzu oft übersehen. Reichgottesarbeiter scheinen nie zu wissen, welche Rolle ihnen bei der Verwirklichung von Gottes Plan zukommt. Sie meinen, der höchste Dienst in dieser Welt bestünde darin, ein paar Seelen für Christus zu gewinnen; doch das kann bedeuten, daß sie sich Gottes Plan noch gar nicht angesehen und sich mit der Strategie seines Reiches noch nicht vertraut gemacht haben.

Die ganze Bibel wird von einem Leitgedanken bestimmt. Schon in den ersten beiden Kapiteln des 1. Buches Mose wird deutlich, daß Gott einen bestimmten Plan hat, wie er den Feind schlagen will, und daß Gottes Werkzeug, mit dem dieser Plan verwirklicht werden soll, sein Volk ist. Gott wird also Menschen gebrauchen, um den Teufel und alle bösen Mächte zu überwinden, und eines Tages wird er seinen Sohn in diese Welt schicken, um damit seiner Gemeinde, die in dieser Zeit gegründet wird, den endgültigen Sieg über den Teufel zu geben. Das ist eine Kurzfassung dessen, was die Bibel aussagt.

Durch das ganze Alte Testament hindurch führt Gott sein Volk zu dem einen Moment hin, da sein Sohn in einem Stall in Bethlehem geboren wird. Alle

Angriffe des Teufels im Alten Testament dienen dazu, den Plan Gottes, nach dem Jesus in Bethlehem zur Welt kommen soll, zu vereiteln.

Viele Ereignisse im Alten Testament haben daher in einem negativen Sinn mit der Geburt Jesu zu tun. So sollte zum Beispiel die Tatsache, daß Joseph von seinen Brüdern nach Ägypten verkauft wurde, nicht nur dazu dienen, Joseph von der Bildfläche verschwinden zu lassen; es war gleichzeitig auch ein Angriff des Teufels mit dem Ziel, die Geburt des Erlösers zu verhindern. Alle Angriffe feindlicher Völker gegen Israel hängen mit der Geburt Jesu in Bethlehem zusammen. Der Teufel versuchte auf jede erdenkliche Weise, diesem Geschehen einen Riegel vorzuschieben.

Gott arbeitet immer nach einem bestimmten Plan. Deshalb heißt es auch in Hesekiel 22,30: „Ich suchte unter ihnen, ob jemand eine Mauer ziehen und in die Bresche vor mir treten würde für das Land, damit ich's nicht vernichten müßte; aber ich fand keinen." Gott suchte also nach einem Mittler, aber es gab Zeiten, in denen in Israel fast kein Licht mehr leuchtete. Im ersten Buch Samuel lesen wir, daß es einmal eine Zeit gab, in der Gott nicht mehr zum Volk Israel sprach. Das Licht war schon fast ganz erloschen, aber es gab noch einen kleinen Jungen mit Namen Samuel, der die Stimme Gottes hören konnte. Der führte sein abtrünniges Volk wieder zu Gott zurück.

Man stelle sich nur einmal vor, welche Bedeutung einem einzelnen in Gottes Plan zukommt! Wir dürfen daher den großen Zusammenhang nicht aus den Augen verlieren; wir müssen Gottes Plan in weltweiten, historischen Dimensionen sehen. Gott hat durch die ganze Geschichte hindurch einzelne Menschen gebraucht, um eines Tages die Geburt seines Sohnes in Bethlehem möglich zu machen. Bis zur letzten Minute hat der Teufel versucht, die Geburt Jesu zu verhindern. Deshalb wurde Jesus auch nachts geboren, umgeben von einer Schar von Engeln, die nicht nur den Hirten auf dem Feld die Geburt des Heilands verkünden, sondern auch darüber wachen sollten, daß Jesus Christus, der in dieser Nacht vom Himmel auf die Erde herabgekommen war, nichts geschah.

Als Jesus geboren war, startete der Teufel einen weiteren Angriff gegen sein Leben. Er benutzte drei Sterndeuter aus dem Osten, um den König Herodes auf das neugeborene Kind aufmerksam zu machen. Ich persönlich bin der Ansicht, daß die drei sogenannten „Weisen" in Wirklichkeit Okkultisten waren. Sie richteten sich nach den Sternen, wie es auch heute Millionen von Menschen tun. Deshalb landeten sie auch am falschen Ort. Weil sie den Sternen glaubten, wurden sie nicht zum Stall von Bethlehem, sondern zum Palast des Königs Herodes geführt. Die Folge davon war, daß Herodes alle kleinen Kinder in Bethlehem töten ließ. Wir sehen also, daß sich die ganze Hölle mit den Menschen verbündete, um Jesus nach dem Leben zu trachten.

Das gleiche spielt sich auch heute noch ab. Noch immer tut sich die ganze Hölle mit Menschen zusammen, um das Leben Jesu Christi auf der Erde auszutilgen. Christus lebt heute in seiner Gemeinde, die sein Leib ist, und der Teufel bedient sich vieler verschiedener Methoden, um diesen Leib zu zerstören. In einem Teil der Welt versucht er es durch Revolution und Verfolgung; in einem anderen benutzt er den Wohlstand, um dem Leben Christi ein Ende zu bereiten. Ich habe einmal gesagt: „Es könnte durchaus sein, daß dem Kapitalismus mehr Christen zum Opfer gefallen sind als dem Kommunismus." Das bezieht sich natürlich auf das geistliche, nicht auf das physische Leben. Es ist unerheblich, wie viele Menschen physisch vom Teufel getötet werden, denn dadurch wird die Existenz der Gemeinde Jesu noch nicht bedroht. Wohlstand, Reichtum und Materialismus hingegen nagen an den Wurzeln des geistlichen Lebens, und so können die Christen auch nicht andere zu Jüngern machen. Genau das wirkt zersetzend auf die Gemeinde und beraubt sie der Möglichkeit, das Leben Christi an immer mehr Menschen auf der ganzen Welt weiterzugeben.

Ich habe Amerika und die warmherzigen, großzügigen Menschen dort wirklich ins Herz geschlossen, aber ich muß leider sagen, daß gerade Amerika ein sehr gutes Beispiel dafür ist, wie es um unsere westliche Wohlstandsgesellschaft bestellt ist. Ich bin überzeugt, daß das, was sich in den Vereinigten Staaten zur Zeit abspielt, eher etwas mit christlicher Kultur als mit Jesus Christus selbst zu tun hat. Wenn die meisten Menschen wirklich eine echte, lebendige Beziehung zu Jesus Christus haben, wie ist dann die Tatsache zu erklären, daß es in diesem Land so viele Gewaltverbrechen, so viel Sittenlosigkeit und Okkultismus gibt? Wo ist da der Einfluß der Christen?

Ich lese immer ganz begierig den „U.S. News and World Report". Jedes Jahr untersucht dieses Nachrichtenmagazin von neuem die Frage: „Welche Institutionen in Amerika üben den größten Einfluß auf das Leben der Nation aus?" Es wird jeweils eine Liste von dreißig Institutionen angegeben, die in Amerika den Kurs bestimmen. Ich hätte angenommen, daß die beiden Institutionen „Religion" und „Familie" den größten Einfluß haben in einer Nation, die von sich behauptet, daß zwei Drittel aller Erwachsenen wiedergeboren seien. Das Erstaunliche ist aber, daß im Jahre 1979 „Familie“ an 26. und „Religion“ an 28. Stelle standen. Nach dieser Umfrage haben diese beiden Stützpfeiler der Nation praktisch keinerlei Bedeutung mehr als richtungweisende Faktoren. Für mich ist das ein völlig niederschmetterndes Ergebnis. Ich konnte es kaum fassen und kann es mir nur so erklären, daß Amerika eine materialistische Gesellschaft mit christlicher Verbrämung ist, die nur ihre eigenen Wünsche zu befriedigen sucht und deshalb auch nicht in der Lage ist, wirkliche Veränderungen in die Wege zu leiten. Das gleiche trifft meiner Ansicht nach auch auf die sogenannten christlichen Länder in Westeuropa zu.

Wir müssen uns deshalb davor hüten, ein Christentum nach westlichem Muster exportieren zu wollen, was uns heute – vor allem von den lateinamerikanischen Ländern – vorgeworfen wird.

Die verfolgte Gemeinde ist ganz anders als die Gemeinde in kapitalistischen Ländern. Dort erleben wir eine geistliche Erweckung großen Ausmaßes, ohne daß dies mit einem Prestigedenken einhergeht, wie man es in der evangelikalen Bewegung in den kapitalistischen Ländern oft findet. In der verfolgten Gemeinde gibt es oft keine Priester oder Pastoren und erst recht keine öffentlichen Kirchengebäude. Und doch ist es eine kraftvolle, mutige und einflußreiche Gemeinde. Ihr Einfluß ist so groß, daß die atheistischen Behörden sie fürchten und daher ständig versuchen, die Gemeinde Jesu zu liquidieren.

Doch nun zurück zu Nehemia. Jerusalem war also zerstört, und der Teufel hatte ein starkes Interesse daran, daß sich daran nichts änderte, weil Jerusalem so wohl im Leben Jesu als auch bei seiner Kreuzigung eine wichtige Rolle spielen sollte. Aus diesem Grund war die Arbeit Nehemias für das Reich Gottes auch so entscheidend. Nehemia war nicht einfach irgendein Mann, der die Mauern und die Tore Jerusalems wiederaufbaute. Er war vielmehr ein Teil von Gottes Heilsplan für die ganze Welt. Nehemias Arbeit mag zwar weltlich erscheinen – er baute nur eine Mauer –, und doch kommt ihr eine große geistliche Bedeutung zu.

Wenn wir in die Welt hinausgehen, um das Evangelium zu verkündigen, ziehen wir nicht einfach los, um hier und da ein paar Seelen für Christus zu gewinnen. Auch wir sind Bausteine in Gottes großem Plan für diese Welt, ein Plan, der dann in Erfüllung gehen wird, wenn die Zeit erfüllt ist und die Zahl derer, die gerettet werden sollen, voll ist. Da wir als treue Diener unseres lebendigen Gottes an seinem großen Plan teilhaben, müssen wir uns über Strategien und strategische Planung Gedanken machen.

Viele Leute wollen wissen, ob wir Mitarbeiter von „Open Doors“ nach einem bestimmten Plan oder einer bestimmten Strategie vorgehen. Wir haben tatsächlich eine bestimmte Arbeitsstrategie, doch vorab sei gesagt, daß sich die meisten Gläubigen eine falsche Vorstellung von unserer Arbeit machen. Sie glauben, daß wir nichts anderes tun als Bibeln schmuggeln. Das ist jedoch nicht alles, obwohl es zugegebenermaßen der spektakulärste Teil unserer Arbeit ist, der die Leute am meisten anspricht. Sie hören eben gern Geschichten von unseren Nacht-und-Nebel-Operationen, von unseren tollkühnen Kurierdiensten.

In Wirklichkeit aber besteht unsere Hauptaufgabe darin, daß wir der leidenden Gemeinde in jeder Hinsicht unsere Unterstützung zukommen lassen. Das schließt die Ermutigung der Gläubigen ebenso mit ein wie die materielle Hilfe, die geistliche Unterweisung oder das Verteilen von Bibeln, christlicher Literatur und Liederbüchern. Wenn unsere Hilfe für die leidende Gemeinde nicht alle Bereiche abdeckt, gehen wir am Wesentlichen vorbei. Das würde ich als unsere Strategie bezeichnen; dabei ist es wichtig, daß zunächst einmal die jeweiligen Bedürfnisse erforscht werden.

Bevor unsere Teams von „Open Doors“, jeweils mit Literatur eingedeckt, in ein bestimmtes Land reisen, investieren wir viel in umfangreiche Forschungsprojekte, was unserer Ansicht nach unerläßlich ist. Ein Forschungsteam wird ausgeschickt, um herauszufinden, was die Gläubigen in dem jeweiligen Land – sei es in der Sowjetunion, China, Afrika oder Osteuropa – wirklich brauchen. Unsere Forschungsteams stellen dann eine „Einkaufsliste“ all der Dinge auf, die wir auf unserer Reise in das betreffende Land mitnehmen müssen, um die Gläubigen dort zu unterstützen und zu stärken.

Deshalb bin ich der Meinung, daß es nur von begrenztem Nutzen ist, wenn ein Tourist ein paar Bibeln einschmuggelt. Er kann freilich einige Bibeln auf eine Kirchenbank legen, aber im Grunde kann ein Problem von solchem Ausmaß nur professionell in Angriff genommen werden.

Wenden wir uns nun wieder den Schritten zu, von denen sich Nehemia bei der Entwicklung seiner Strategie leiten ließ. Innerhalb von drei Tagen geschehen drei Dinge. Dadurch, daß er ehrliche Fragen stellt, erfährt Nehemia von der Not seines Volkes und von dem trostlosen Zustand Jerusalems. Er demütigt sich vor Gott und bekennt seine Sünden und macht somit eine geistliche Erfahrung. Diese Schritte führen ihn schließlich dahin, daß er seine privilegierte Stellung und alle seine Rechte bereitwillig aufgibt.

Diese Schritte zielen darauf ab, daß eine ganze Stadt wiederaufgebaut werden und ein ganzes Volk wieder zusammenkommen soll. Nehemia kann dies freilich nicht allein bewerkstelligen. Aber das braucht er auch nicht, denn wenn Gott jemanden in eine Führungsposition beruft, gibt er ihm immer Mitarbeiter, die ihm folgen. Bevor Nehemia nun aber Mitarbeiter für sein Vorhaben gewinnt, tut er erst noch etwas anderes.

In Kapitel 2,11 ist Nehemia schon seit drei Tagen in Jerusalem. Von der Stadt ist nicht viel übriggeblieben: weder große Häuser noch Paläste, weder Mauern noch Tore. Nehemia erzählt nun (Verse 12 und 13): „(Da) machte ich mich in der Nacht auf und wenige Männer mit mir; denn ich hatte keinem Menschen gesagt, was mir mein Gott eingegeben hatte, für Jerusalem zu tun; und es war kein Tier bei mir außer dem, auf dem ich ritt. Und ich ritt zum Taltor hinaus bei Nacht und am Drachenquell vorbei und an das Misttor und forschte genau, wo die Mauern Jerusalems eingerissen waren und die Tore vom Feuer verzehrt."

Besonders interessant in diesem Zusammenhang ist Vers 16: „Und die Ratsherren wußten nicht, wohin ich gegangen war und was ich gemacht hatte; denn ich hatte bis dahin den Juden, nämlich den Priestern, den Vornehmen und den Ratsherren und den andern, die am Werk arbeiten sollten, nichts gesagt." Nehemia hat also von seinen Plänen noch nichts verlauten lassen. Er steht mit seinem Problem immer noch allein vor Gott. Aber er hat den Mut, allein loszuziehen und sich selbst ein Bild vom Zustand der Mauer zu machen. Das ist nun der vierte Punkt, den ich bei Nehemia bemerkenswert finde.

Zuerst hört er nur von der Not. Nun könnte ich Ihnen eine Menge von der Not in vielen Ländern der Welt erzählen, so viel, daß Sie gezielt dafür beten könnten oder sich sogar auf eine Auseinandersetzung mit jemand einlassen könnten, der behauptet, in Wirklichkeit sehe alles ganz anders aus. Aber es ist doch etwas anderes, wenn Sie selbst in diese Länder reisen und sich mit eigenen Augen vergewissern, ob sich die Dinge tatsächlich so verhalten, wie Bruder Andrew es geschildert hat, oder nicht. Aus diesem Grunde bin ich auch dafür, daß man selbst in jene Länder reist und sich vor Ort ein Bild von den dortigen Verhältnissen macht. Wir sollten uns nicht einfach auf das verlassen, was andere gesehen haben und uns erzählen, denn das ist vielleicht nur die halbe Wahrheit, und halbe Wahrheiten können schlimmer sein als Lügen.

Ich finde, wir sollten uns selbst auf den Weg machen und prüfen, wie die Dinge liegen. Wir sollten – wie Nehemia in jener Nacht – unvoreingenommen hingehen, vielleicht ohne jemand etwas davon zu sagen. Nehemia hat sich keinem Menschen anvertraut, nicht einmal denen, die später mit ihm an die Arbeit gehen sollten. Meiner Ansicht nach zeugt dieses Verhalten von einem starken Glauben.

Zu jenem Zeitpunkt wußte Nehemia als einziger, daß die Priester, die Vornehmen usw. die Mauer wiederaufbauen würden. Das ist wirklich außergewöhnlich! Das ist wahrer Glaube! Nehemia hatte eine Eingebung; diese Eingebung kam von Gott. Gott weiß schon im voraus, daß Sie eine bestimmte Arbeit tun werden, auch wenn Sie selbst noch nichts davon wissen.

Nun ist es soweit, daß Nehemia dazu übergehen kann, für sein Vorhaben Mitarbeiter zu gewinnen, und in diesem Zusammenhang möchte ich Ihre Aufmerksamkeit besonders auf drei Worte in Kapitel 2,17-18, lenken: „Und ich sprach zu ihnen: Ihr seht das Unglück, in dem wir sind, daß Jerusalem wüst liegt und seine Tore mit Feuer verbrannt sind. *Kommt,* laßt uns die Mauern Jerusalems wieder aufbauen, damit wir nicht weiter ein Gespött seien! Und ich sagte ihnen, wie gnädig die Hand meines Gottes über mir gewesen war, dazu auch die Worte des Königs, die er mir gesagt hatte. Und sie sprachen: *Auf,* laßt uns *bauen!* Und sie nahmen das gute Werk in die Hand."

Die drei Worte sind also: kommt, auf, bauen.

Kommt! Das ist der Appell des führenden Mannes. Warum ruft er die anderen zusammen? Weil er eine Schau hat; weil er weiß, daß es eine bestimmte Aufgabe anzupacken gilt; weil er weiß, daß es Gottes Wille ist, daß etwas in dieser Hinsicht geschieht; und weil er weiß, daß er die Arbeit nicht allein tun kann. Wer mit Führungsaufgaben betraut ist, braucht Leute, die auf seinen Ruf hin *kommen.*

Das zweite Wort, auf, weist darauf hin, daß sich die Arbeiter auf die Aufgabe, die vor ihnen liegt, vorbereiten müssen. Zu dieser Vorbereitung gehören genau die Punkte, die wir soeben im Zusammenhang mit Nehemia erörtert haben. Wir müssen von der Not wissen. Wir müssen uns vor Gott demütigen und unsere Sünden bekennen. Wir müssen bereit sein, unsere Arbeit, unsere Rechte und Vorrechte aufzugeben. Wir müssen selbst hingehen und uns vergewissern, wie groß die Not ist, das heißt, wir müssen hinausgehen auf die Straßen, auf die Wege der Sünde und des Lasters, wie Jesus es uns aufgetragen hat.

Als ich an der Bibelschule in Glasgow war, legte Gott mir gewissermaßen ein kleines Missionsfeld vor die Haustür: die Slums von Glasgow. Ich glaube nicht, daß es irgendwo in ganz Europa noch schlimmere Slums gab als in Glasgow. Patrick, wie das Viertel genannt wurde, war solch ein unsicheres Pflaster, daß selbst Polizisten nicht alleine hingehen durften. Fast jeden Tag wurden dort Menschen ermordet aufgefunden. Es war wirklich eine äußerst gefährliche Gegend. Aber Gott hatte es mir einfach ans Herz gelegt, daß ich dort von Jesus Zeugnis geben sollte.

So ging ich also in dieses widerliche, düstere Viertel, in dem eine bedrückende Atmosphäre herrschte. Sämtliche Straßenlaternen waren entweder gestohlen worden oder kaputt. An jeder Ecke befand sich eine schäbige Kneipe, wo Männer sich mit Whisky vollaufen ließen und Frauen weinten, weil für Essen und Kleidung kein Pfennig übrigblieb. Ich ging in diese abstoßenden Kneipen hinein und versuchte, mit den Männern zu reden. Ich verteilte auch Traktate, allerdings nie ohne vorher den Besitzer der Kneipe um Erlaubnis zu fragen. Sie hatten nie etwas dagegen, und ich bin sicher, daß sie das schlechte Gewissen quälte.

In einer verräucherten Kneipe traf ich Jock Kearney, einen Alkoholiker, mit dem ich gleich ins Gespräch kam.

„Komm morgen mal bei mir vorbei, Kamerad!“ lallte er und torkelte auf die Straße hinaus, ein Traktat in der Hand, das ich ihm gegeben hatte.

Ich fragte Albert, einen Mitstudenten vom WEC-College, ob er mich zu Jock begleiten wolle. Das Herz schlug uns bis zum Halse, als wir durch die unheimlichen Straßen gingen und die kohlrabenschwarze Treppe hochstiegen, die zu Jocks Wohnung im vierten Stock führte. Dabei stolperten wir ständig über alle möglichen Abfälle, die auf den Treppenstufen verrotteten. Jock kniff die Augen halb zu, als er uns vor der Tür sah.

„Kommt rein!" sagte er. Als wir das düstere Zimmer betraten, das nur durch eine nackte Glühbirne spärlich beleuchtet war, packte uns das kalte Grausen. Das Zimmer befand sich in einem unbeschreiblichen Zustand. Tapetenfetzen hingen von den Wänden herab, an der Decke blätterte die Farbe ab, und im Spülbecken standen Berge von schmutzigem Geschirr.

Ich hatte eigentlich gehofft, Jock in einem einigermaßen nüchternen Zustand anzutreffen, aber er war genauso betrunken wie immer und suchte sich plötzlich zum Wasserlassen ausgerechnet das Spülbecken aus.

„Ich werde euch einen Tee machen", sagte er dann und nahm ein paar ungewaschene Tassen aus eben diesem Spülbecken. Mir drehte sich der Magen um, aber ich wußte, daß ich den Tee nicht ablehnen durfte.

„Herr, bitte gib, daß mir nicht schlecht wird!" betete ich, als Jock uns das ekelerregende Gebräu servierte.

Während wir uns unterhielten, drehte Jock mir plötzlich sein rauhes, unrasiertes Gesicht zu und sagte: „He, Holländer, du warst doch beim Militär. Was ist das Gesetz des Krieges?"

Ich dachte einen Moment nach und erwiderte dann: „Dein Leben oder meins. Das ist das Gesetz des Krieges."

„Stimmt ...“, sagte er. „Stimmt genau.“

Ich war wie versteinert, als er auf einmal an einen Schrank ging und ein großes Rasiermesser, mit dem man jemand die Kehle durchschneiden konnte, aus einer Schublade nahm. Ganz langsam und bedächtig zog er es aus der Scheide und kam auf mich zu.

Er rollte drohend die Augen und schrie plötzlich: „Ich werde dich umbringen!“ Ich fühlte schon das Rasiermesser an meinem Hals. Albert saß starr vor Entsetzen auf seinem Stuhl. Er betete wie noch nie zuvor in seinem Leben.

Das Messer an der Kehle, konnte ich gerade noch keuchend herausbringen: „Ja, Jock, es gilt mein Leben oder Ihres, und genau deshalb können Sie das nicht tun. Es ist bereits jemand gestorben, um sowohl Ihr als auch mein Leben zu retten. Ich meine Jesus Christus.“

Ich sprach hastig weiter. „Wissen Sie, Jock, Jesus ist genau wegen dieser Kriegsgesetze und wegen des geistlichen Kampfes, in dem nur einer gewinnen kann und ein anderer verlieren muß, in die Welt gekommen.

Einer muß sterben, damit die anderen leben können. Genau das hat Jesus Christus getan.“

Jock hielt das Messer immer noch so, daß es gerade in die Haut ritzte, und so sprach ich weiter davon, daß Jesus sein Blut vergossen hat, damit wir leben, und daß wir in ihm die Vergebung der Sünden haben.

„Er ist gestorben, damit Sie leben, Jock.“

Langsam aber sicher zog er das rostige Rasiermesser zurück, trat einen Schritt zurück und sah mich fassungslos an. Er konnte nicht glauben, was ich ihm soeben erzählt hatte. Dann klappte er das Messer zusammen und legte es wieder in den Schrank.

Ich hatte das Gefühl, daß es nicht gut wäre, noch weiter zu reden, und so sagte ich atemlos: „Danke, Jock, daß Sie das Rasiermesser weggelegt haben! Das ist wirklich gut. Wir werden jetzt gehen, aber wir kommen wieder, um weiter mit Ihnen über Jesus zu reden."

Albert und ich verließen fluchtartig den Raum. Wir waren schreckensbleich und zitterten am ganzen Körper, aber wir waren dem Herrn dankbar, daß es nicht schlimmer ausgegangen war.

Ich beschloß, Albert bei meinem nächsten Besuch nicht mitzunehmen. Ich befürchtete nämlich, daß er – falls sich das gleiche wiederholen würde – sich vielleicht nicht zurückhalten könnte und versuchen würde einzugreifen. Und das würde meinen sicheren Tod bedeuten. Also machte ich mich allein auf den Weg.

Jock machte immer noch einen recht ungepflegten Eindruck, war aber glücklicherweise nicht betrunken, als er mir die Tür öffnete und mich hereinbat.

„Es tut mir leid, wie ich mich letztes Mal benommen habe. Ich habe Ihnen etwas Schreckliches angetan", sagte er, während ihm die Schamröte ins Gesicht stieg. „Es liegt am Alkohol, wissen Sie. Wenn ich getrunken habe, schrecke ich vor nichts zurück."

Ich sagte ihm, daß ich das verstehen würde und die Sache für mich erledigt sei.

„Jesus liebt Sie trotzdem, Jock. Warum beten Sie nicht einfach und bitten ihn, daß er in Ihr Leben kommt? Er kann alles verändern."

Da fiel Jock auf die Knie und begann, wie ein Kind Jesus sein Herz auszuschütten. Er bat ihn, ihm zu vergeben und ihn so anzunehmen, wie er war. „Ich bin zwar ein hundsgemeiner Kerl, Jesus, aber ich will dir nachfolgen – falls du mich haben willst", betete er.

Jesus wollte ihn, und Jocks Leben änderte sich von Stund an. Es war für uns beide ein unvergeßlicher Augenblick. Nun können Sie von schrecklichen Verhältnissen in anderen Großstädten wie New York, Amsterdam, Kalkutta oder Djakarta lesen. Vielleicht blutet Ihnen das Herz, wenn Sie davon lesen, und vielleicht ist es Ihnen ein echtes Anliegen, für diese Menschen zu beten. Aber es ist doch etwas anderes, wenn Sie selbst in die Elendsviertel gehen und mit eigenen Augen sehen, wie dort Menschen auf der Straße liegen und in wirklich trostlosen Verhältnissen leben. Sie müssen aus erster Hand wissen, wie die Dinge liegen; das ist einfach ein Teil Ihrer Zurüstung. Dann werden Sie mit der Frage konfrontiert werden: „Bin ich in der Lage, diese Menschen die Liebe Gottes spüren zu lassen?“ Sie müssen sich dieser Frage stellen; das gehört nun einmal zu Ihrer Zubereitung.

Was noch dazugehört, ist das Bibelstudium. Es ist ein großes Vorrecht, wenn Gott es Ihnen ermöglicht, ein Bibelseminar oder eine Bibelschule zu besuchen.

Meiner Ansicht nach ist es eine sehr nützliche Sache, eine Anleitung für das Bibelstudium zu bekommen und zu lernen, mit anderen zu arbeiten und zu leben. An einer Bibelschule kommt man zwei oder drei Jahre lang mit den unterschiedlichsten Menschen zusammen, die verschiedenen Konfessionen angehören. Man lernt, zusammen zu beten und als Team hinauszugehen und Zeugnis zu geben.

Aus diesem Grunde finde ich auch Organisationen wie „Operation Mobilisation“ sehr gut. Wenn man ein Jahr lang auf einem Schiff ist, lernt man mit Sicherheit viel über sich selbst.

Ich muß allerdings gestehen, daß ich kein sehr guter Student war. Ich war immer zu sehr damit beschäftigt, andere Menschen für Jesus zu gewinnen, und meine Gesundheit litt sehr darunter. Die meiste Zeit über war ich einfach erschöpft und hatte außerdem einen schmerzhaften Bandscheibenschaden.

Als das Examen näherrückte, ging ich zu dem Direktor und fragte ihn, ob es sich machen ließe, daß ich *kein* Diplom bekäme.

Er sah mich an, als sei ich nicht ganz normal. Als echter Brite sprach er das aber selbstverständlich nicht aus.

„Sehen Sie, ich möchte nicht, daß irgendeine Missionsgesellschaft mich nur deshalb einstellt, weil ich ein Diplom von einer Bibelschule habe. Ich möchte einfach dem Herrn folgen und nur seinen Willen tun. Ich möchte, daß Gott meine Arbeit gutheißt. Tut er das nicht, werde ich zurückgehen und Volkswirt werden."

„Wenn das wirklich Ihr Wille ist, Andrew, dann finde ich das großartig", sagte der Direktor. „Wenn ich Ihnen kein Diplom ausschreiben muß, habe ich drei Minuten Arbeit gespart."

Ich war der erste Student, der ohne Diplom von dieser Schule abging.

Sind Sie bereit, sich mit oder ohne Diplom aufzuschwingen und über Ihre Verhältnisse hinauszukommen? Sich aufzuschwingen, bis Sie mit dem Himmel selbst in Berührung sind?

Ich bin häufig in Düsenjets unterwegs. Beim Start erlebe ich jedesmal, wie die Antriebskraft der Motoren ein Gesetz überwindet, das für den Menschen jahrhundertelang unüberwindbar war – das Gesetz der Schwerkraft. Das Triebwerk wird eingeschaltet, die Maschine jagt über die Startbahn, hebt ab – und schon befinden wir uns über den Wolken. Wenn Sie gläubig sind, steht Ihnen die größte Kraft im ganzen Universum zur Verfügung – der Heilige Geist.

Schwingen Sie sich zur Freiheit empor!

Als ich vor kurzem in Brasilien war, erzählte mir ein Politiker der Linken, daß durch die Pfingstbewegung dort die Menschen einen sozialen Aufstieg erreichten. Sie haben ihre Armut überwunden und sind zwar nicht zu Reichtum, aber doch zu einem höheren Lebensstandard gekommen.

Sie sollten so lange emporstreben, bis Sie sicher sind, daß Sie die Botschaft, die Sie an andere weitergeben möchten, nicht aus irgendwelchen Büchern, sondern von Gott selbst haben. Ich bete darum, daß ein bestimmtes Buch für Sie an erster Stelle steht – die Bibel.

Dann können Sie anfangen zu bauen.

Teil II
Laßt uns bauen!

Ändert das Gebet die Umstände – oder uns?

Ein Grundproblem menschlicher Existenz liegt darin, daß der Mensch ein Fundament braucht. Als die Freunde Nehemia erzählten, daß die Mauern Jerusalems zerstört und die Tore niedergebrannt waren, brachten sie damit zum Ausdruck, daß das Fundament ihres Lebens zusammengebrochen und ein Leben, wie sie es gewohnt waren, nicht mehr möglich war.

In diesem Zusammenhang gibt es ein interessantes Psalmwort (Psalm 11,3): „Ja, sie reißen die Grundfesten um; was kann da der Gerechte ausrichten?“ Sie können diesen Vers anwenden auf die Gesellschaft, in der Sie leben. Wenn die Grundfesten Gottes in Ihrem Volk durch allzu große Toleranz, durch Sittenlosigkeit oder durch Revolution ins Wanken geraten, wenn die Familie durch Scheidung oder durch einen Regierungserlaß auseinandergerissen wird, kurz, wenn das Fundament zerstört wird, vermag selbst der Gerechte nichts auszurichten. Halten wir also als erstes fest, daß ein Fundament gelegt werden muß.

Worin besteht nun dieses Fundament? Eine Antwort finden wir im 1. Korintherbrief, Kapitel 3,11: „Einen anderen Grund kann niemand legen außer dem, der gelegt ist, welcher ist Jesus Christus.“ Im Epheserbrief, Kapitel 2,20, heißt es weiter, daß das Haus Gottes gebaut ist auf das Fundament der Apostel und Propheten und daß Jesus Christus selbst der Eckstein ist.

Ein Fundament ist also unentbehrlich. Ohne Fundament kann man nicht bauen. Ich verweise noch einmal auf Psalm 11,3: „Ja, sie reißen die Grundfesten um; was kann da der Gerechte ausrichten?“ Dabei ist die Antwort bereits in der Frage angedeutet: Ohne Fundament kann er nichts tun.

Auch in unserem eigenen Leben muß es ein tragendes Fundament geben. Alles, was wir tun, beziehungsweise alles, was wir nicht tun, muß auf dieses eine Fundament gegründet sein – Jesus Christus. Wir können nichts bauen, was von Dauer ist, wenn wir nicht auf dieses eine Fundament bauen. Wir können keinen dauerhaften Frieden schaffen, wenn dieser Friede nicht auf Jesus Christus gegründet ist. Wir können keine dauerhaften zwischenmenschlichen Beziehungen aufbauen, wenn diese Beziehungen – ganz gleich, ob es sich um eine Ehe, eine Freundschaft, eine Gemeinschaft von Gläubigen oder nur um eine geschäftliche Beziehung handelt – nicht auf dieses eine Fundament gegründet sind. Wenn irgend etwas von bleibendem Wert für das Reich Gottes sein soll, muß es auf dieses eine Fundament gebaut sein.

Ich frage Sie daher: Ist Jesus Christus das Fundament Ihres Lebens? Oder ist die Grundlage Ihres Glaubens noch eine – wenn auch christliche – Tradition? Vielleicht gründet sich Ihr Glaube auch auf den Glauben Ihrer Eltern? Wir sollten ganz klar vor Augen haben, daß es hier um Gottes Kinder geht; Gott hat keine Enkel. Wir müssen die Gewißheit haben, daß das Fundament unseres Lebens Jesus Christus ist. Haben wir erst einmal durch einen persönlichen Glauben an Jesus Christus das Fundament gelegt, können wir damit beginnen, unser Leben im Dienste Gottes aufzubauen oder vielleicht umzubauen. Das sollte aber nur auf diesem einen Fundament geschehen.

Was wir in unserem Leben außerdem brauchen, ist der Schutz Gottes. Gott möchte auf diesem Fundament durch sein Volk eine Schutzmauer bauen. Er selbst hat das Fundament gelegt, und nun ruft er uns dazu auf, darauf zu bauen.

Nehemias Freunde berichteten, daß die Mauern niedergerissen und die Tore durch Feuer zerstört waren. Das bedeutete, daß die Menschen, die dort lebten, schutzlos waren. Nun kann aber niemand auf der Welt, ob er nun gläubig ist oder nicht, ohne Schutz existieren.

Gott bietet jedem einzelnen Menschen, der je geboren wurde und der heute lebt, einen ausreichenden Schutz an. Aber nicht jeder nimmt diesen Schutz an, und viele Menschen wissen nicht einmal, daß sie diesen Schutz haben können. Deshalb gibt es auf der ganzen Welt auch so viel Tragik im Leben unzähliger Menschen.

Als Christen müssen wir darauf achten, daß wir immer unter Gottes Schutz bleiben, denn der Teufel versucht ständig, uns anzugreifen. Er versucht, unseren Verstand anzugreifen, und wenn er erst einmal auf unser Denken Einfluß gewonnen hat, kann er schließlich unser ganzes Leben zerstören. Wenn er nicht an uns herankommt, während wir wach sind, versucht er es, wenn wir schlafen. So kommt es, daß wir manchmal schreckliche Dinge träumen. Wir können uns aber auch davor schützen, indem wir beten, bevor wir schlafen gehen, und den Herrn bitten, daß er uns behütet, während wir schlafen. Wahrscheinlich betet zudem irgendwo auf der Welt jemand für uns, während wir schlafen.

Aus diesem Grunde ist es auch so wichtig, daß diejenigen, die für den Herrn arbeiten, von Gläubigen in aller Welt im Gebet unterstützt werden. Die Fürbitte für andere ist von unschätzbarem Wert. Wenn Gott es Ihnen zu irgendeiner Tages- oder Nachtzeit eingibt, daß Sie für einen bestimmten Menschen beten sollen, tun Sie es am besten sofort, weil der Betreffende vielleicht gerade in diesem Moment besonders unter den Angriffen des Teufels zu leiden hat. Gott möchte dann Ihr Gebet dazu benutzen, diesem Menschen einen besonderen Schutz zukommen zu lassen.

Von diesem Prinzip machten wir Gebrauch, als eines unserer Teams in Bulgarien mit einer Ladung Bibeln gefaßt wurde. Das Team, bestehend aus einem holländischen Arzt und einem Pfarrer, wurde stundenlang verhört und dann eingesperrt. Der Pfarrer wurde ins Gefängnis geworfen, während der Arzt, der Diabetes hatte, in ein Hotelzimmer verfrachtet wurde, vor dessen Tür eine Wache postiert wurde.

Die Behörden machten allerdings einen Fehler. Sie hatten nicht daran gedacht, daß es in dem Zimmer ein Telefon gab, und so rief mich der Doktor um drei Uhr morgens an. „Andrew", flüsterte er, in der Hoffnung, daß der Wachtposten ihn nicht hörte, „wir sind geschnappt worden. Man hat den Pfarrer hinter Schloß und Riegel gesetzt und alle unsere Bibeln beschlagnahmt. Wir können zu sechs Jahren Gefängnis verurteilt werden, wenn wir schuldig gesprochen werden. Bitte, bete für uns und sag es auch den anderen der ‚Familie', daß sie für uns beten sollen ... bitte!"

Damit war die Leitung plötzlich tot. Ich informierte sofort per Telefon unsere Gebetsgruppen in der ganzen Welt, und bald beteten mehrere Hundert Menschen für unser Team, das in Bulgarien festsaß.

Einer Eingebung des Herrn folgend, setzte ich mich mit einer uns freundlich gesinnten Botschaft in Verbindung, und obwohl es noch so früh am Morgen war, nahm sie mit den Behörden in Bulgarien heikle Verhandlungen auf mit dem Ziel, unser Team freizubekommen.

Meine Frau und ich zogen uns rasch an und besuchten die Familie des Arztes und die des Pfarrers, die in der Nähe wohnten. In beiden Familien setzten wir uns zusammen, hielten uns an den Händen und beteten, daß der Herr dieses Problem lösen möge. Ich hatte einen tiefen Frieden, was diese Angelegenheit betraf, weil ich wußte, daß so viele Kinder Gottes dafür beteten. Schon drei Tage später waren unsere Mitarbeiter wieder frei und zurück in Holland. Es hatte keine Gerichtsverhandlung gegeben. Sie mußten zwar eine Geldstrafe zahlen und hatten ihr Auto und die Ladung Bibeln zurücklassen müssen, aber sie waren wieder auf freiem Fuß. Es war wirklich eine wunderbare Errettung.

Wenn solche Dinge passieren, haben wir gewöhnlich keine Angst, daß unsere Mitarbeiter im Gefängnis landen. Wir haben nämlich eine besondere Macht zur Verfügung: die Macht des Gebets. Deshalb legen wir bei „Open Doors" auch großen Wert auf Gebetsgruppen und auf den Dienst, den diese Gruppen verrichten.

In der Bibel heißt es, daß Satan ein Drittel aller Engel mit sich zog, als er aus dem Himmel ausgestoßen wurde. Also sind ein Drittel aller früheren Engel heute Dämonen. Dämonen sterben nicht, und sie werden auch nicht müde. Sie sind genauso lebendig und aktiv wie die Engel Gottes, und wenn ein Mensch nicht von Gott beschützt wird, fällt er diesen Dämonen zum Opfer. Paulus schreibt in 1. Timotheus 4,10 daß Gott „der Retter aller Menschen, besonders der Gläubigen" ist. Das heißt also, daß selbst Ungläubige vom allmächtigen Gott beschützt werden. Wenn dies nicht der Fall wäre, würden sie alle unter die Herrschaft dämonischer Mächte geraten. Es gibt Menschen, die von Dämonen besessen sind, weil sie aus irgendeinem Grund nicht mehr unter Gottes Schutz standen und somit für den Teufel eine leichte Beute waren.

Gott beschützt unsere Mitarbeiter. Gott beschützt sogar ganze Völker. Ich bin fest davon überzeugt, daß es einzelne Völker gibt, denen Gott einen besonderen Schutz gewährt. Das gilt zum Beispiel für Israel. Nach menschlichem Ermessen hätte Israel schon viele Male von der Landkarte getilgt werden müssen, aber Gott hält seine Hand über dieses Volk. Es sind keine Christen, und in Israel gibt es noch weniger Religionsfreiheit als in der Sowjetunion. Es ist ein äußerst schwieriges Unterfangen, den Israeliten das Evangelium nahezubringen; im Vergleich dazu ist es sogar in der Sowjetunion noch einfacher. Sobald man versucht, auf Juden zuzugehen und ihnen von Jesus Christus zu erzählen, gerät man in Israel in Schwierigkeiten. Aber trotzdem ist Israel Gottes Volk, selbst wenn es nicht glaubt, daß Jesus der Messias ist. Zudem verfolgt Gott einen bestimmten Plan mit Israel und schützt es daher in besonderer Weise.

Ich glaube, daß Gott seine Hand auch besonders über die Vereinigten Staaten von Amerika hält, weil in Amerika das ganze Potential für eine weltweite Evangelisierung konzentriert ist und weil Gottes Ziel genau darin besteht, die ganze Welt mit dem Evangelium zu erreichen. Er wird daher jedes Volk beschützen, in dem er ein Potential für die Evangelisierung der Welt sieht. Das heißt nun nicht, daß ich mit der amerikanischen Politik oder dem amerikanischen

Präsidenten oder dem amerikanischen Kapitalismus einverstanden sein muß. Ich muß aber lernen, das Land mit Gottes Augen zu sehen. Und wenn Gott in einem Land das Potential für die Evangelisierung der Welt sieht, wird er diesem Land auch seinen Schutz zukommen lassen.

Nehemia erkannte, daß die Menschen ohne Schutz nicht existieren können. Nun ist aber eine Mauer nicht der einzige Schutz, den die Menschen brauchen. In Kapitel 4,8 macht Nehemia seinen Freunden mit folgenden Worten Mut: „Fürchtet euch nicht vor ihnen; gedenket an den Herrn, der groß und furchtbar ist, und streitet für eure Brüder, Söhne, Töchter, Frauen und Häuser!"

Der Feind hat es einzig und allein darauf abgesehen, uns von Gottes Schutz zu isolieren. Er will uns ständig einreden, wir seien schutzlos. Aber Gott ist der größte Psychologe der Welt. Er verlangt nie, daß wir etwas aus eigener Kraft tun. Als Jesus seinen Jüngern auftrug, in aller Welt das Evangelium zu verkündigen, hat er einen Satz vorausgeschickt. Er sagte nämlich: „Mir ist gegeben alle Gewalt im Himmel und auf Erden. Darum gehet hin ..." Gott macht uns also zunächst einmal Mut, und durch diese Ermutigung werden wir befähigt zu tun, was immer er uns aufträgt.

Auch Nehemia spricht seinem Volk Mut zu. Schuld an der Schutzlosigkeit des jüdischen Volkes ist der Feind. Nehemia ruft das Volk zunächst dazu auf, sich nicht vor dem Feind zu fürchten. Das ist aber leichter gesagt als getan. Denn die Juden wurden vom Feind völlig ausgeplündert; ihr Verteidigungssystem war zusammengebrochen; sie hatten keinen Schutz mehr und fürchteten sich.

Doch dann ermutigt und stärkt Nehemia sein Volk im Herrn. Er sagt: „Gedenket an den Herrn, der groß und furchtbar ist." Rechnen Sie mit der Größe Gottes! Wenn Sie in den Kampf gehen, denken Sie daran, daß ein einzelner mit Gott immer in der Mehrheit ist!

Ich habe schon in vielen kommunistischen Hauptstädten am Roten Platz gestanden und Millionen von Menschen bei Paraden aufmarschieren sehen: in Havanna, Peking, Budapest, Prag, Ostberlin und in Moskau. Ich habe gesehen, wie sie die rote Fahne schwenkten; ich habe gehört, wie sie revolutionäre Lieder sangen; ich habe die Entschlossenheit auf jungen Gesichtern gesehen; und ich wußte, daß sie die ganze Welt erobern wollten.

Meistens war ich dabei allein. Ich stand einfach nur da mit meinem kostbaren, kleinen Buch. Ich drückte es an mein Herz, und es sprach zu mir. Es sagte: „Alle Knie sollen sich beugen, und alle Zungen sollen bekennen, daß Jesus Christus der Herr ist." Das gab mir ein beruhigendes Gefühl, weil ich wußte, daß ich mit Jesus in der Mehrheit war. Ich brauchte gar keine Angst zu haben. Ich mußte nur tun, was Jesus mir sagte.

Nehemia forderte die Juden schließlich dazu auf, für ihre Brüder zu streiten. Er war um ihre Brüder in Jerusalem besorgt. Und wir sollen heute ebenso besorgt sein um unsere Brüder in den kommunistischen Ländern, unsere Brüder in Afrika und in anderen Teilen der Welt, die von Revolution und Aufruhr heimgesucht sind.

Wissen Sie, warum die Kommunisten verächtlich auf Christen herabsehen? Nicht nur deshalb, weil sie grundsätzlich gegen jede Religion sind; sie verachten uns auch deshalb, weil wir keine Anstrengungen machen, die kommunistischen Länder zu evangelisieren.

Ein führender tschechischer Kommunist sagte einmal: „Ich kann vor meinem Gegner in einer Debatte nur dann Achtung haben, wenn er sich nach Kräften bemüht, mich zu überzeugen." Das ist eine typisch kommunistische Haltung. Weil wir Angst vor ihnen haben, verachten sie uns. Sie wollen kämpfen. Sie sind zwar auch nicht absolut davon überzeugt, daß sie recht haben, aber da wir ihre ständigen Lügen nicht in Frage stellen, sehen sie – und wir – diese Lügen schließlich als Wahrheit an. Sie warten nur darauf, daß jemand sie herausfordert, denn ein richtiger Kommunist ist ein Idealist. Es ist eine wahre Freude, jemanden zu treffen, der Idealist ist, unabhängig davon, welche Ansichten er vertritt. Andererseits ist es geradezu tödlich, einen Christen zu treffen, der nicht für seinen Glauben eintritt.

Warum sehen heute auch die arabischen Länder mit so großer Verachtung auf uns herab? Weil wir nicht einmal den Versuch machen, irgendwelche Rechte geltend zu machen, wenn sie uns ihre Bedingungen diktieren. Wenn wir uns für die Christen in den arabischen Ländern einsetzten, hätten sie Achtung vor uns. Der Stärkere sieht immer auf den Schwächeren herab. Wenn wir uns aber wirklich nach Kräften bemühten, Osteuropa oder sogar die Sowjetunion selbst zu evangelisieren, würden auch sie uns respektieren. Doch zur Zeit sehen wir meistens nur untätig zu, als hilflose und ängstliche Betrachter, und sagen: „Das schaffen wir sowieso nicht!"

Die Kommunisten sind eifrig dabei, unsere Gesellschaft zu infiltrieren; wir aber tun unsererseits sehr wenig, um *ihre* Gesellschaft zu infiltrieren. Deshalb sind sie der Meinung, wenn unsere Religion nicht gut genug ist für die ganze Welt, ja, wenn sie nicht einmal für den kapitalistischen Teil der Welt gut genug ist, dann werden sie diese Religion eben zerstören. Vielleicht haben sie sogar recht!

Aber die Botschaft von Jesus Christus *ist* für die ganze Welt gedacht! Wenn wir nicht für unsere Brüder kämpfen, wenn wir uns nicht in Wort und Tat für diejenigen einsetzen, die unterdrückt werden, wenn wir nicht bereit sind, Opfer zu bringen, um die bislang Unerreichten zu erreichen, ist unsere Religion kein echtes Christentum. Auch bei uns könnte es zu einer Revolution kommen. Diese Revolution wird unsere Kirchen zerstören; sie wird unsere Religion und unser Christentum zerstören.

Aber irgendwo werden ein paar Menschen mit einem kleinen Buch überleben, und in diesem Buch werden sie Jesus Christus finden. Vielleicht werden sie dann eine Form von Christentum entwickeln, die keinerlei Ähnlichkeit hat mit dem, was wir als Christentum bezeichnen. Sie werden wahrscheinlich nie auf die Idee kommen, Kirchen zu bauen.

Die ersten Gläubigen haben keinen Gedanken an Kirchenbauten verschwendet. Sie kamen in den Häusern und auf den Feldern zusammen, aber sie haben ganz Kleinasien und Griechenland in Bewegung gebracht. Paulus schreibt, daß sich der Glaube dieser ersten Christen über die ganze Gegend verbreitete. Es kann durchaus sein, daß Gott es zuläßt, daß die Revolution auch auf unsere Länder übergreift, um damit alle falschen Götter, die sich die Menschen gemacht haben, und jedes Scheinchristentum zu zerstören.

Echtes Christentum hat die Aufgabe, die Liebe Gottes an alle Menschen der Welt weiterzugeben. „Streitet für eure Brüder!“ ist ein Befehl Gottes.

Bemerkenswert ist die Reihenfolge, in der Nehemia in Vers 8 verschiedene Personengruppen aufzählt. Er sagt zuerst: „Streitet für eure Brüder" und fügt dann erst hinzu „(und für eure) Söhne, Töchter, Frauen und Häuser." Wenn wir diesen Vers lesen, ist unser erster Gedanke vielleicht, daß an dieser Reihenfolge etwas nicht stimmt. Als Christ muß ich doch wohl zunächst einmal für meine eigene Familie sorgen und erst in zweiter Linie für meine Brüder. Warum stehen in diesem Vers dann die Brüder an erster Stelle und die Söhne, Töchter, Frauen und Häuser erst an zweiter Stelle? Hat Gott da etwa einen Fehler gemacht?

Der Allmächtige weiß: Kümmern wir uns zuerst um unsere Brüder, werden wir unsere Söhne, Töchter, Frauen und Häuser nie vernachlässigen. Können wir die Menschen, die am Reich Gottes keinen Anteil haben, nicht lieben, so ist das ein Zeichen dafür, daß wir uns in unserem Herzen der Liebe Gottes nicht geöffnet haben. Sind wir aber nicht von Gottes Liebe erfüllt, werden wir auch für unsere eigene Familie nicht viel tun. Viele christliche Familien sind zerrüttet, weil in den Herzen der Menschen nicht die Liebe Gottes regiert. Damit bieten sie dem Teufel, der danach trachtet, die Gemeinde zu zerstören, eine Angriffsfläche.

In diesem Zusammenhang möchte ich wieder vor etwas warnen. Vor einiger Zeit wurde in den Vereinigten Staaten eine Umfrage unter Christen durchgeführt. Dabei ging es um die Frage: „Was ist Ihrer Meinung nach heute das größte Missionsfeld?"

Die erstaunliche Antwort lautete: „Nordamerika". Genau darin liegt eine Gefahr: Wenn Christen – ganz gleich, in welchem Teil der Welt sie leben – meinen, ihr Land sei das wichtigste Missionsfeld der Erde, werden sie den Rest der Welt nicht mit dem Evangelium erreichen. Wenn sie meinen, das Höchste, wozu sie berufen sind, bestünde darin, ihr eigen Hab und Gut zu verteidigen, werden sie alles verlieren. Jesus hat gesagt: „Wer das Leben gewinnen will, wird es verlieren; wer aber das Leben um meinetwillen verliert, wird es gewinnen" (Einheitsübersetzung).

Wenn ich als holländischer Christ und Sie in Ihrem Land es uns zum höchsten Ziel gesetzt hätten, eine Mauer um unsere eigene Familie zu bauen, um sie beispielsweise vor der Revolution zu schützen, so wäre dies die sicherste Methode, unsere Familie zu verlieren. Denn dann könnten die Mächte des Bösen schalten und walten, wie sie wollten, und die atheistischen Kräfte, die Gott hassen, würden stärker werden. Sie würden garantiert nicht vor der kleinen Mauer halt machen, die ich um meine kleine Familie gebaut hätte. Wenn wir das, was Gott uns anvertraut hat, auf wirksame Weise schützen wollen, müssen wir daher ins feindliche Lager gehen und unsere Feinde für Christus gewinnen!

Anfang 1980 war ich in El Salvador, einem Land, das von schweren Unruhen heimgesucht wird. Dort traf ich mich heimlich mit linken Guerillakämpfern, die den Botschafter von Südafrika, Archibald Dunn, gefangenhielten. Sie waren erstaunt über mein Ersuchen, ihren Gefangenen sprechen zu dürfen.

„Aus welchem Grund wollen Sie ihn sprechen?" fragte mich ihr Anführer, der recht grimmig dreinblickte und im übrigen behauptete, er sei Christ. „Der Grund liegt darin", erwiderte ich, „daß ich auch einer Befreiungsbewegung angehöre, und da wir gewissermaßen Gesinnungsgenossen sind, dachte ich, ich könnte einmal fragen, ob ich ihn sprechen kann."

Der Anführer zeigte sich etwas überrascht, daß jemand wie ich von sich behaupten konnte, er gehöre einer Befreiungsbewegung an, zumal ich keine Waffen trug. So erklärte ich ihm, daß Jesus Christus, dem ich nachfolgte, der größte Befreier der Menschen aller Zeiten ist.

Daraufhin antwortete der Guerillaführer, daß er meinen Beweggründen mißtraue und daß der Botschafter ein „Ausbeuter" sei und deswegen bestraft würde.

„Sie haben überhaupt kein Recht dazu, jemanden zu bestrafen", sagte ich nachdrücklich. „Es ist allein Gottes Sache, Menschen zu richten. Es steht Ihnen nicht zu, jemanden aus einem anderen Land für ein Verbrechen zu bestrafen, das er vielleicht gegen Schwarze in Südafrika begangen hat."

Der Guerillaführer protestierte und machte geltend, er habe einen Brief von der schwarzen Bevölkerung in Südafrika mit der Aufforderung, „ihn zu bestrafen".

Die Guerilleros lehnten mein Gesuch ab, aber ich hatte dennoch den Eindruck, daß der Herr mir die Gelegenheit gegeben hatte, ins „Feindeslager" vorzudringen, um mit ihnen über Christus zu sprechen. Später hörte ich, daß sie den Botschafter umgebracht haben, weil kein Lösegeld für ihn gezahlt wurde.

Wir können die kommunistischen Länder nur dann für Christus gewinnen, wenn wir uns direkt in die Höhle des Löwen wagen. Das gleiche gilt für die Welt als Ganzes: Wir müssen hingehen und die Gute Nachricht dort verkündigen, wo Menschen sind. Dabei sollten wir das Wort Gottes in Kneipen, Spielkasinos, Sportstadien und auf Marktplätzen weitersagen. Diese Orte müssen wir infiltrieren und dürfen dabei nicht wie Geheimagenten auftreten, sondern müssen von Anfang an Farbe bekennen. Die anderen werden Respekt vor uns haben, wenn wir auf sie zugehen.

Bedauerlicherweise bedeutet evangelisieren für viele nichts anderes, als in einem großen Saal eine Veranstaltung abzuhalten und darauf zu warten, daß die Leute kommen und zuhören. Jesus aber hat gesagt: „Ich will euch zu Menschenfischern machen." Stellen Sie sich vor, wir würden an den Strand gehen, dort zwei Pfähle in die Erde rammen, die sich oben überkreuzen und dazwischen ein Netz spannen. Wenn wir dann darauf warten wollten, daß die Fische aus dem Wasser in die Netze springen, würden wir eine große Enttäuschung erleben. Auf diese Weise kann man nun einmal keinen Fisch fangen. Wir müssen dahin gehen, wo die Fische sind; wir müssen unsere Netze auswerfen und sie fangen.

Woran liegt es wohl, daß ausgerechnet die Gemeinde in Sibirien eine der stärksten der Welt ist? Es liegt daran, daß die gläubigen Christen, die – teilweise noch vor der Revolution von 1917 – nach Sibirien deportiert wurden, nicht schweigen konnten und auf diese Weise viele Menschen für Christus gewonnen haben.

Damit ich nun aber nicht den Eindruck erwecke, als wüßte ich den Wert einer Familie nicht zu schätzen, in der Gott der Mittelpunkt ist, möchte ich daran erinnern, daß Gott selbst der Familie einen großen Wert beimißt. Eine Familie ist etwas Wundervolles! Manche von Ihnen haben vielleicht noch gar nicht richtig erfahren, welch ein Segen ein christliches Zuhause sein kann. Wenn alles so funktioniert, wie es sein soll, ist es ein Stück Himmel auf Erden. Leider ist es aber oft die Hölle auf Erden.

1949, als ich auf der Suche nach Gott war, fühlte ich mich schrecklich einsam. Meine Mutter fehlte mir sehr; sie war gestorben, als ich in Indonesien war. Mutter war wirklich ein gottesfürchtiger Mensch. Meine Geschwister heirateten nach und nach, nur ich hatte noch immer keinen Frieden in Jesus Christus gefunden. Ich fühlte mich deshalb so schrecklich einsam, weil ich das Gefühl hatte, kein Zuhause mehr zu haben. Dann tat Gott mir die Heilige Schrift auf, und ich fand einen Vers, der mich tief bewegte: In Psalm 68 heißt es, daß Gott „die Einsamen nach Hause bringt". Gott selbst ist es also, der den Einsamen ein Zuhause gibt!

Ich fühlte mich elend und einsam, und Gott sagte zu mir: „Ich will dir ein Zuhause geben ..." Ich glaube, wenn es etwas gab, was mich zum Reich Gottes hinzog, so war es dieser Gedanke. Ich fühlte mich nämlich gar nicht so sehr als Sünder, der Schuld auf sich geladen hatte und die Vergebung Gottes brauchte. In Wirklichkeit war ich natürlich ein großer Sünder. Aber das Entscheidende war, daß ich mir sehnlichst ein Zuhause wünschte – nicht einfach ein Dach über dem Kopf, sondern ein richtiges Zuhause. Und deshalb übte das Reich Gottes eine unwiderstehliche Anziehung auf mich aus. Laßt uns also zusammen unter dem Schutz Gottes Familien bauen, die ein richtiges Zuhause sind!

Wenden wir uns nun einer anderen Art von Schutz zu. Im vierten Buch Mose Kapitel 14,9 wird von einer Konfrontation zwischen dem Volk Israel einerseits und Moses und Aaron andererseits berichtet. Zu dieser Auseinandersetzung kam es, nachdem die Männer, die ausgeschickt worden waren, um das verheißene Land zu erkunden, zurückgekehrt waren. Die meisten von ihnen berichteten nur von der objektiven Realität in Kanaan. Sie sahen die Probleme im Vordergrund und gaben insgesamt einen recht negativen Lagebericht. Aber da waren auch noch Josua und Kaleb, gottesfürchtige Männer. Sie hatten die geistliche Realität vor Augen; sie rechneten mit Gottes unbegrenzten Möglichkeiten. Sie trauten es Gott zu, daß er Wunder tun konnte, und sie sahen, was alles geschehen könnte, wenn das Volk Israel unter Gottes Schutz weiterzog. Sie erinnerten sich, daß Gott gesagt hatte: „Ich habe euch das Land gegeben." Und weil Gott diese Zusage gegeben hatte, bekannten sie vor den anderen ihren Glauben. Die übrigen Kundschafter hatten entweder vergessen, was Gott gesagt hatte, oder sie erinnerten sich wohl an Gottes Wort, dachten aber: „Ja, aber wir müssen das Land ja erst noch erobern."

Josua und Kaleb richteten in dieser Situation ihren Blick vertrauensvoll auf Gott und sprachen zu dem ganzen Volk: „Fallt nur nicht ab vom Herrn und fürchtet euch vor dem Volk dieses Landes nicht, denn wir wollen sie wie Brot auffressen. Es ist ihr Schutz von ihnen gewichen, der Herr aber ist mit uns. Fürchtet euch nicht vor ihnen!"

Ich möchte hier nur einen Aspekt dieses schönen und zugleich seltsam anmutenden Verses hervorheben, und zwar das, was im Zusammenhang mit Schutz gesagt wird. Selbst heidnische Völker stehen unter einem Schutz. Der Teufel kann eine Gruppe von Menschen so abschirmen, daß das Wort Gottes nicht zu ihnen durchdringen kann.

Genau das spielt sich meiner Ansicht nach in der islamischen Welt ab. Die Länder des Islam sind die einzigen Länder der Welt, in denen die Verbreitung des Evangeliums noch nicht sehr weit gediehen ist. Diese

Länder sind fest in der Hand des falschen Propheten. Keine andere Religion kommt dem biblischen Konzept vom Reich Gottes so nahe wie der Islam. Im Koran findet man viele Geschichten, die auch in der Bibel enthalten sind. Selbst Jesus Christus wird oft erwähnt und zu den wichtigsten Propheten des Islam gezählt. Meiner Ansicht nach steht die islamische Welt unter einem dämonischen Schutz, und bisher ist einfach noch nicht genug gebetet und geopfert worden, um diesen Schutz des Teufels zu durchbrechen.

Immerhin waren bis 1945 sieben Achtel der gesamten arabischen Welt Kolonien der sogenannten christlichen Länder. Aber diese haben die Verbreitung des Evangeliums nicht gefördert; sie wollten es vermeiden, die arabische Bevölkerung gegen sich aufzubringen. Ihr einziges Interesse bestand darin, diese Länder auszubeuten. Nun bekommen wir die Quittung dafür: wir müssen mehr für ihr Öl zahlen.

Als die Ölkrise ausbrach, hat Gott mir die weitere Entwicklung offenbart. Ich habe mich nie über Ölpreiserhöhungen beklagt, weil ich voraussah, daß auf diese Weise Milliardenbeträge in die arabischen Länder fließen würden und daß diese das Geld irgendwo wieder ausgeben müßten. Sie würden kaum das ganze Geld in ihren eigenen Ländern ausgeben können, also müßten sie es auch in der westlichen Welt unterbringen. Sie würden westliche Industrieanlagen kaufen, und diese Anlagen würden von westlichen Ingenieuren gebaut werden. Im Geist sah ich bereits, wie ihr „Schutz“ allmählich durchlässig wurde. Heute gehen viele Christen als Ingenieure, Lehrer oder sonstige Fachkräfte in diese Länder, um die arabische Bevölkerung mit der Liebe Gottes zu erreichen.

Doch nun wieder zurück zum vierten Buch Mose.

Unter welchem Schutz standen die heidnischen Völker in Kanaan? Wenn wir in der damaligen Geschichte dieses Landes forschen, stellen wir fest, daß die kanaanitischen Völker völlig dem Laster verfallen waren. Sie waren die denkbar schlechtesten und verdorbensten Völker auf der ganzen Welt. Deshalb hatte Gott auch beschlossen, sie zu vernichten. Weil sie aber völlig in der Hand des Teufels waren, hatte sich der Teufel ein besonderes System ausgedacht, um diese Völker vor anderen Einflüssen abzuschirmen, und es gab nur eine Möglichkeit, dieses Schutzsystem zu durchbrechen. Nur das Volk Gottes war dazu in der Lage, und Gott ließ seinem Volk sagen: „Fürchtet euch nicht, denn ihr Schutz ist von ihnen gewichen."

Wie sollen wir heute beten, wenn wir für die islamischen Völker beten? Wir müssen dafür beten, daß ihr dämonischer Schutzwall zusammenbricht. Denn nur dann können wir sie mit der Botschaft von der Liebe Gottes erreichen.

Das gleiche Prinzip sollten wir aber auch in Anspruch nehmen, wenn wir für einzelne Menschen beten. Warum scheinen manche Menschen einfach unerreichbar zu sein? Liegt es etwa daran, daß Gott sie nicht liebt? Warum können wir nicht zu ihnen durchdringen? Weil der Teufel einen Schutzwall um sie gebaut hat, den wir nur durch Beten und Fasten durchbrechen können.

Es gibt also zwei verschiedene Schutzsysteme. Ich wünsche Ihnen, daß Sie alle in dem Bewußtsein leben, daß Gottes Schutz Sie trägt – daß eine Mauer göttlichen Schutzes nicht nur Sie und Ihr persönliches Leben umgibt, sondern auch Ihre Familie, Ihre Heimatgemeinde als eine Familie von Kindern Gottes und Ihr Land als eines der Länder, die Gott reich gesegnet hat.

Sobald Sie für Gott arbeiten, werden Sie auf Widerstand stoßen. Wenn sich Ihnen bei Ihrer Arbeit nichts und niemand in den Weg stellt, sollte das ein Alarmzeichen für Sie sein. Denn wenn der Teufel es nicht auf Sie abgesehen hat, ist dies vielleicht ein Zeichen dafür, daß Sie für das Reich Gottes eigentlich gar nichts tun.

Nehemia und sein Volk hatten ein großes Werk in Angriff genommen. Sie sahen sich einer ungeheuren Aufgabe gegenüber, aber Gott hatte sie zugerüstet. Er selbst bewirkte in ihnen, daß sie willens wurden, einen aufopferungsvollen Dienst zu tun. Wenn wir nicht bereit sind, aufopferungsvoll zu dienen, werden wir nie etwas wirklich Großes zuwege bringen. Im Reich Gottes zu arbeiten wird immer seinen Preis kosten, und je höher dieser Preis ist, desto mehr werden wir am Ende auch erreichen, falls wir mit großem Vertrauen und großer Begeisterung ans Werk gehen.

Nehemia stieß bei seinem Vorhaben schon bald auf Widerstand. Es gab nämlich Leute, die von Anfang an gegen ihn waren. In Kapitel 2,10 heißt es, daß es Sanballat und Tobia sehr verdroß, „daß einer gekommen war, der für die Kinder Israel Gutes suchte".

Der Feind der Seelen kann es nicht ertragen, wenn jemand für die Menschen Gutes sucht. Der Feind der Seelen ist der Teufel, und daher wird jeder, der Seelen retten will, für den Teufel zur Zielscheibe seiner Angriffe. Das ist das ursächliche Prinzip, das jedem Widerstand zugrundeliegt.

Widerstand kann verschiedene Formen annehmen. Noch vor Beginn des eigentlichen Mauerbaus in Jerusalem heißt es (Kapitel 2,19): „Als das aber Sanballat, der Horoniter, und Tobia, der ammonitische Knecht, und Geschem, der Araber, hörten, verspotteten und verhöhnten sie uns ..." Das erste, was geschieht, noch bevor Sie überhaupt anfangen, für den Herrn zu arbeiten, ist, daß andere Leute anfangen zu sticheln. Sie versuchen, Sie lächerlich zu machen. „Du bist doch nicht ganz gescheit, daß du deine Stelle aufgibst!" „Was meinst du denn, was du in der Welt schon groß ausrichten kannst?" „Sonderlich begabt bist du ja nicht gerade; und du allein kannst sowieso nichts tun, um die Welt zu verändern!" „Du bist einfach ein religiöser Fanatiker!"

Aber die Leute spötteln nicht nur, sie scheinen voller Verachtung zu sein und sagen schreckliche Dinge über einen. Zu Nehemia sagten sie: „Was ist das, was ihr da macht? Wollt ihr von dem König abfallen?" Das ist der Auftakt einer regelrechten Hetzkampagne gegen diejenigen, die für Jerusalem etwas Gutes tun wollen.

Nehemias Feinde treiben erneut ihren Spott in Kapitel 3,34: „... und (Sanballat) sagte vor seinen Brüdern und dem Heer von Samarien: Was machen diese elenden Juden da? Wollen sie Jerusalem wieder für sich befestigen? Wollen sie Opfer darbringen? Wollen sie es an einem Tag vollenden? Können sie die Steine, die doch ausgeglüht sind, aus den Schutthaufen zu neuem Leben aufrichten?" (Einheitsübersetzung).

Merken Sie, wie beißend dieser Spott war? Sie redeten nicht nur schlecht von dem, was diese Juden taten, sie nannten sie darüber hinaus „elende Juden".

Nun waren diese Leute – Männer wie Nehemia, die einen weiten Weg zurückgelegt hatten – durchaus keine schwächlichen, dürren, armseligen Gestalten. Wenn sie in der Lage waren, in wenigen Wochen die halbe Mauer fertigzustellen, müssen sie sehr wohl leistungsfähig gewesen sein. Der Feind wollte sie einfach nur lächerlich machen.

Hören Sie nicht zu, wenn manche Leute andere schlechtmachen! Das ist ein Trick des Teufels. Er ist derjenige, der die Brüder verklagt. Der Mensch ist zum Bilde Gottes geschaffen. Er ist ein wunderbares Geschöpf. Nur der Teufel behauptet: „Der Mensch ist ein Nichts."

Ich möchte, daß Sie andere Menschen lieben, und ich möchte, daß Sie sich selbst lieben, weil Gott Sie liebt. Sie sollten nie jemanden verachten, den Gott liebt; und wenn Gott Sie liebt, sollten auch *Sie* sich lieben. Denken Sie daran, daß wir die ganze Fülle des Lebens Jesu Christi in uns haben. Wenn Sie sich das vor Augen halten, können Sie als Christ ein frohes, glückliches und völlig entspanntes Leben führen. Denken Sie nie schlecht von sich selbst! Gott liebt die ganze Welt, und Sie sind ein Teil davon.

Sanballat wartete mit einer ganzen Liste von negativen Dingen auf. „Wollen sie Jerusalem wieder für sich befestigen?" Wovon redet er überhaupt, zumal die Juden doch nur die Mauer wiederaufbauen? „Wollen sie Opfer darbringen?" Bisher ist der Tempel mit keinem Wort erwähnt worden. „Wollen sie es an einem Tag vollenden?" Natürlich nicht; sie werden lange brauchen, bis das Ganze fertiggestellt ist.

Sanballat fragte sogar, ob sie die verbrannten Steine wieder lebendig machen würden. Man hat mir gesagt, daß die Juden damals mit einem bestimmten

Sandstein bauten, der bei starker Erhitzung – zum Beispiel als die Stadt in Brand gesteckt wurde – einfach zerbröckelte und in Staub zerfiel. Als die Römer später im Jahre 70 n.Chr. Jerusalem zerstörten, legten sie einfach überall am Fuß der Mauer Feuer, und schon barsten die großen Steine, und die Mauer stürzte ein. Jesus hatte ja vorausgesagt, daß „nicht ein Stein auf dem andern bleiben" würde. Nehemias Widersacher hatte daher vermutlich die Lacher auf seiner Seite, als er fragte: „Können sie die Steine, die doch aufgeglüht sind, aus den Schutthaufen zu neuem Leben aufrichten?"

Sobald jemand anfängt, sich über eine Situation wie diese lustig zu machen, versuchen andere, ihn durch noch komischere Bemerkungen zu übertrumpfen. So sagt Tobia, der Ammoniter, zu Sanballat: „Laß sie nur bauen; wenn ein Fuchs auf ihre steinerne Mauer hinaufspringt, reißt er sie ein."

Sie versuchen wirklich mit allen Mitteln, das Ganze ins Lächerliche zu ziehen! Ich kann Ihnen garantieren, daß Sie ähnliche Kommentare zu hören bekommen, sobald Sie anfangen, sich für das Reich Gottes einzusetzen. Etwa in dem Stil: „Du bist doch verrückt! Wenn weder die Regierung noch die Parteien, weder die großen Kirchen noch die Missionsgesellschaften etwas ändern können, wie willst du dann etwas ändern?" Viele gläubige Männer und Frauen haben sich von dem Spott anderer von ihren Zielen abbringen lassen. Ist es Ihnen auch schon einmal so ergangen?

Wie sollen wir nun auf einen solchen Angriff reagieren? Die einzig richtige Reaktion sehen wir bei Nehemia: Er redet nicht mit seinen Feinden, sondern mit Gott. Nehemias unmittelbare Antwort auf ihren

Spott lautet (Vers 36): „Höre, unser Gott, wie verachtet sind wir! Laß ihren Hohn auf ihren Kopf kommen, daß du sie der Plünderung preisgibst in einem Land, in das man sie gefangen führt!"

Nehemia betet. Er macht dem Allmächtigen sogar Vorschläge, wie seine Feinde bestraft werden sollen. Aus seinem Verhalten spricht eine tiefe Einsicht in das Geheimnis des Gebets. Er weiß, was Beten bedeutet. Es bedeutet, sich an Gott festzuhalten; es bedeutet, mit Gott über Menschen zu sprechen. Beten hat zum Ziel, daß bestimmte Menschen von Gott gesegnet werden und daß bestimmte Handlungen anderer Menschen unterbunden werden.

Nehemia hat gelernt, gegen bestimmte Situationen zu beten. Genau das müssen auch wir lernen. Beten Sie gegen den Feind! Beten Sie gegen die ungesunden Strömungen in unserer Gesellschaft!

Durch unser Gebet setzen wir den Arm Gottes in Bewegung; deshalb müssen wir lernen, beim Beten aggressiver zu sein. Wenn wir beten, sollten wir nicht nur *Bittende,* sondern gleichzeitig auch *Handelnde* sein. Mit anderen Worten, wir sollten Gott sagen, was er tun soll.

Sind Sie der Meinung, daß dies eine gefährliche Haltung ist? Nun, das hängt ganz davon ab, wie gut wir Gott kennen beziehungsweise wieviel wir bereits von den Prinzipien seines Reiches verstanden haben. Wenn wir nicht über ein bestimmtes Niveau hinauskommen, auf dem der Teufel uns immer wieder besiegen kann, werden wir nie lernen, mit Christus im Himmel zu herrschen.

Das soll nun nicht heißen, Sie sollten von der Erwartung ausgehen, eines Tages ein Niveau zu erreichen, auf dem Sie gegen alle Angriffe des Teufels gefeit sind. Wenn der Teufel nicht zum Angriff übergeht, so ist das ein Zeichen dafür, daß Sie nichts für das Reich Gottes tun. *Wie* Sie aber aus der Situation der Anfechtung hervorgehen, hängt allein von Ihrer Reaktion ab und nicht davon, wie heftig der Angriff ist. Besteht Ihre Reaktion darin, daß Sie das Problem sofort vor Gott bringen, wird er sich darum kümmern.

Sie brauchen sich nicht selbst zu verteidigen. Sie brauchen auch nicht die Sache zu verteidigen, für die Sie kämpfen. Sie brauchen nicht einmal die Bibel oder Gott zu verteidigen. Tun Sie einfach die Arbeit, die Gott Ihnen aufgetragen hat.

Spott ist also die erste Waffe, die von den Feinden eingesetzt wird. Aber da Nehemia und seine Freunde sich nicht davon beirren lassen, werden die Gegner noch ärgerlicher. In Kapitel 4,1 lesen wir, daß die Widersacher Nehemias sehr zornig wurden, als sie hörten, daß es unter Gottes Segen mit dem Wiederaufbau stetig voranging! Der Widerstand kann sich sehr wohl verhärten. Als die Feinde einsehen mußten, daß sie mit ihren Sticheleien nichts ausrichten konnten, verschworen sie sich, in Jerusalem Verwirrung zu stiften (Vers 2). Sie sahen, daß sie mit ihrem Spott nicht den gewünschten Effekt erzielten, und planten daher drastischere Maßnahmen: „Wir müssen in ihrem Lager Verwirrung stiften."

Wenn der Teufel uns ein falsches Bild vermitteln kann von dem wirklichen Kampf, in dem wir stehen, dann hat er diesen Kampf schon gewonnen. Über die Verwirrungen und Verwechslungen in der heutigen Christenheit ließe sich viel sagen! Wir verwechseln nationale Probleme mit dem Reich Gottes. Wir verwechseln Rassenprobleme mit den Angelegenheiten der Kirche. Das ist eine Strategie des Teufels.

Nehemia wußte von den neuen Plänen seiner Gegner. Wie reagiert er darauf? In Vers 3 erzählt er: „Wir aber beteten zu unserm Gott und stellten gegen sie Tag und Nacht Wachen auf zum Schutz vor ihnen."

Ob die Arbeiter Gottes siegen oder nicht, hängt von ihrer geistlichen Reaktion ab. Die richtige Reaktion ist: „Wachet und betet" – nur hier heißt es „Betet und wachet". Wenn wir unseren Geist nicht ganz bewußt vor den Angriffen des Feindes zu schützen suchen, sind wir für den Teufel eine leichte Beute. Wir müssen jeden Konflikt sofort vor Gott bringen.

In Vers 5 lesen wir von einem dritten Schlachtplan, der diesmal selbst vor dem Tod nicht Halt macht. Die Feinde sagen: „Sie sollen's nicht erfahren noch sehen, bis wir mitten unter sie kommen und sie töten und dem Werk ein Ende machen."

Ich persönlich bin der Meinung, daß man dieser Art von Angriff am leichtesten begegnen kann. Es ist die primitivste Form des Angriffs. In diesem Stil wurden jahrhundertelang Kriege geführt. Es ist das klassische Muster der Christenverfolgung. Bringt sie um, dann habt ihr den Kampf gewonnen!

Uganda ist das jüngste Beispiel hierfür. Der Terror gegen die Christen im Land nahm seinen Anfang, als Idi Amin sich mit General Muammar Gadhafi von Libyen und König Faisal von Saudi Arabien anfreundete. Als der arabische König zu Besuch nach Kampala kam, erreichte Amins Eifer für den Islam seinen Höhepunkt. Faisal brachte dem ugandischen Präsidenten königliche Geschenke, darunter eine riesige Platte aus Gold und ein goldenes Schwert. Er überreichte dem beeindruckten Präsidenten die Geschenke mit den Worten: „Mit diesem Schwert sollst du dein Land zum Islam bekehren."

Amin beschloß, in Uganda eine islamische Republik zu errichten, und teilte seinen moslemischen Freunden mit, daß er zu diesem Zweck Geld brauche. Sowohl Libyen als auch Saudi Arabien fielen auf Amins Lügen herein, und von beiden Ländern kamen großzügige Spenden für den Dschihad-Fonds (Dschihad = Heiliger Krieg), dessen Gelder dazu verwendet werden sollten, „die wenigen Christen, die noch übriggeblieben sind, zu liquidieren und Uganda zu einem islamischen Staat zu machen“, wie ein libyscher Diplomat, der in Uganda zu Besuch war, es ausdrückte.

Nachdem Amin schließlich mit eigenen Händen Janani Luwum, den beliebten Erzbischof von Uganda, umgebracht hatte, erreichte die Liquidation von Christen ein noch nie dagewesenes Ausmaß. Unter den schätzungsweise 500 000 Menschen, die während der achtjährigen Schreckensherrschaft Idi Amins von dessen Folterknechten umgebracht wurden, befanden sich sehr viele Christen.

Und doch konnte Amin die Kirche nicht auslöschen. Im Gegenteil: Unter seiner grausamen Verfolgung wurde die Gemeinde Jesu immer stärker. Die wahre Gemeinde Jesu Christi kann einfach niemand auslöschen.

Wir müssen uns klarmachen, daß alle diese satanischen Angriffe sich im seelischen und im körperlichen Bereich abspielen, im Bereich unserer Empfindungen und Gefühle. Sie zielen darauf ab, uns zu verwirren und durcheinanderzubringen und uns Angst einzuflößen. Wir können aber die feurigen Pfeile des Bösen ganz einfach auslöschen, indem wir alles im Gebet vor den Herrn bringen. Gott wird Körper und Geist vor den teuflischen Angriffen des Feindes bewahren.

Als der Feind der Juden schließlich sagte: „Wir werden sie töten“, hatte Nehemia auch darauf eine Antwort. In einem sehr schönen Vers – Kap. 4,8 – ruft er dem Volk zu: „Fürchtet euch nicht vor ihnen!“

An dieser Stelle möchte ich Ihnen sagen, daß wir auch heute keinen Grund zur Angst haben. Gott arbeitet weiter am Bau seines Reiches durch sein Volk. Er gebraucht seine Gemeinde immer noch, und sie setzt sich aus einzelnen Christen zusammen. Ich kann Ihnen als Botschaft von Gott sagen: „Fürchte dich nicht!“ Gott hat alles unter Kontrolle.

Nehemia fährt fort: „Gedenket an den Herrn, der groß und furchtbar ist!“ Wie oft denken wir an unseren Herrn? Wie oft ist unsere erste Reaktion: „Herr, hilf mir!“? Oder benutzen wir Gott nur als Notausgang?

Vielleicht geht es uns wie dem Seemann, der den Mast hochkletterte, plötzlich aber herunterfiel und schrie: „Gott, hilf mir!“ Da bekam er ein Seil zu fassen und sagte: „Du brauchst mir nicht mehr zu helfen, Gott. Es ist alles wieder okay.“

Nehemias Aufruf gilt auch uns. Wir müssen *immer* an den denken, der mit uns ist, weil er viel größer ist als der Feind. Wenn Sie das wirklich begriffen haben, wenn es für Sie nicht nur ein Lippenbekenntnis ist, sondern eine Erfahrung, die Sie in Ihrem Leben täglich mit Gott machen, dann wird er Ihnen immer die Angst nehmen. Er wird Ihnen auch die Nervosität nehmen, die Sie angesichts des Feindes empfinden, weil auch die Nervosität in den seelischen Bereich gehört. Und das ist der Bereich, in dem Gott zuerst mit seiner Kraft wirken möchte.

Nehemia sagte zu seinem Volk: „(Denkt an den, der mit uns ist, den großen Gott Israels) und streitet für eure Brüder, Söhne, Töchter, Frauen und Häuser."

Wir alle müssen uns vor Augen führen, daß der Feind es um so mehr auf uns abgesehen hat, je intensiver wir unseren Weg mit dem Herrn gehen. Mit anderen Worten: Je mehr wir Gott erfahren, desto stärker der Widerstand. Dieses Prinzip wird manchmal als Polaritätsgesetz bezeichnet. Paulus hat es im Römerbrief in einem klassischen Vers ausgedrückt (Kapitel 7, 21-25). Er beschreibt hier, je mehr er den Willen Gottes tun will, desto stärker wird er vom Teufel angegriffen. Das ist das Polaritätsgesetz.

Die Angriffe Satans werden in dem Maß an Heftigkeit zunehmen, wie Sie in Christus wachsen. Sie werden ständig seinen Angriffen ausgesetzt sein. Sie werden getroffen werden. Sie werden verletzt werden, und es werden Narben bleiben, weil Sie nicht über jede Versuchung Herr werden. Sie werden nicht bei jedem Angriff Satans den Sieg davontragen.

Erinnern Sie sich, daß Jesus nach der Auferstehung seinen Jüngern erschienen ist? Was hat er ihnen gezeigt? Er zeigte ihnen seine Wundmale und forderte sie auf: „Seht meine Hände und meine Füße! Thomas, du willst es nicht glauben, daß ich es bin? Sieh meine Seite; du kannst sogar die Hand in die Wunde an meiner Seite legen."

Eine bekannte Missionarin in Indien, Amy Carmichael, hat viele Bücher und Gedichte über das Christenleben geschrieben. In einem ihrer Gedichte stellt sie die Frage: „Können wir, die wir keine Wunden oder Narben haben, das Kreuz weit getragen haben?"

Ich glaube, das Problem liegt darin, daß wir den Kampf scheuen. Manchmal ist der Widerstand so stark, daß wir einfach zu Boden gehen. Es gibt aber eine noch größere Niederlage als das, nämlich am Boden zu *bleiben.* Wir müssen aufstehen und weiterkämpfen!

Vor einigen Jahren war ich am Boden zerstört. Unsere Arbeit steckte in einer schweren Krise, und ich fühlte mich außerstande, die Probleme zu bewältigen. Das belastete mich so sehr, daß ich vor den Schwierigkeiten davonlief. Ich fühlte eine tiefe innere Zerrissenheit. Eines Tages, als ich allein war und wieder einmal die Lösung im Gebet vor Gott suchte, wurde mir plötzlich klar, daß Gott zu mir sagte: „Andrew, du kannst zwar deine Rechte abtreten, nicht aber deine Verantwortung."

Auf einmal wußte ich, was ich zu tun hatte. „Herr", betete ich, „ich will zurückkommen. Ich will das annehmen." Ich stand vom Boden auf und fing wieder an, ihm zu dienen.

Ich glaube, daß wir alle eine Verantwortung haben, unseren leidenden Brüdern aufzuhelfen. Meiner Ansicht nach ist es unserem Versagen zuzuschreiben, wenn Gläubige wie Wang Ming-Dao und kürzlich „Vater Dudko" im Gefängnis zusammenbrechen. Sie hätten nicht so viel leiden dürfen. Es ist unfair ihnen gegenüber, daß wir als die übrigen Glieder des Leibes Christi nicht ihre Last trugen, und wir sind dadurch schuldig geworden.

Wang Ming-Dao saß insgesamt 23 Jahre wegen seines Glaubens in China im Gefängnis. Als er das erste Mal eingesperrt war, wurde er ständig gefoltert und einer Gehirnwäsche nach der andern unterzogen, bis er schließlich nach vierzehn Monaten ein Geständnis unterschrieb, daß sein Widerstand gegen die „Drei-Selbst-Bewegung" – die vom Staat unterstützte Kirche – „konterrevolutionär" gewesen sei. Nach seiner

Freilassung war er völlig verstört, weil er dies unterschrieben hatte, und er kam zu dem Schluß, daß es nur auf die Gehirnwäschen zurückzuführen war.

Er hat sein „Geständnis“ widerrufen und wurde sofort wieder hinter Schloß und Riegel gesetzt. Dieses Mal sollte er einundzwanzig Jahre und acht Monate im Gefängnis zubringen. Im Januar 1980 wurde er wieder auf freien Fuß gesetzt und konnte endlich wieder mit seiner Frau zusammen sein, die ebenfalls im Gefängnis war und zwei Jahre früher entlassen worden war.

Nach seiner Freilassung sagte Wang Ming-Dao: „Ich war zwar oft ein Petrus, aber nie ein Judas.“

Der Teufel hat kein Interesse daran zu verhindern, daß Sie in den Himmel kommen. Es ist ihm gleichgültig, ob sie in den Himmel oder in die Hölle kommen, denn dadurch wird sich nichts an seiner Position im Universum ändern. Aber er hat sehr wohl ein Interesse, Sie daran zu hindern, für Gott zu wirken, denn in dem Maße, in dem Gott Sie gebrauchen kann, um an seinem Reich weiterzubauen, gehen dem Teufel Tausende von Seelen verloren. Das ist der große Kampf, der sich in unserer Welt heute abspielt.

Wir müssen uns immer vor Augen halten, daß all die Angriffe, die wir im Leben Nehemias gesehen haben, und all die Angriffe des Teufels, die wir in unserem eigenen Leben erfahren haben, auch Jesus nicht erspart blieben. In der Bibel heißt es, daß wir in keine Versuchung geführt werden, mit der nicht auch Jesus zu kämpfen hatte. Der Teufel selbst führte die Angriffe gegen Jesus. Interessanterweise kann man bei diesen Angriffen, von denen in Matthäus 4 berichtet wird, das gleiche Muster beobachten wie schon bei Nehemia. Sie spielen sich im Bereich von Körper, Seele und Geist ab.

Nachdem Jesus vierzig Tage und vierzig Nächte in der Wüste gefastet hatte, bekam er Hunger. Da trat der Teufel zu ihm und sprach: „Befiehl doch, daß diese Steine zu Brot werden. Dann hast du etwas zu essen und wirst dich gleich besser fühlen." Wie reagierte Jesus darauf? Er läßt sich auf keine Diskussionen mit dem Teufel ein. Das ist ein Fehler, den wir oft begehen: Wir meinen, wir könnten mit dem Teufel diskutieren und dabei die Oberhand gewinnen. Das wird aber nie klappen, denn der Teufel hat uns einiges an Erfahrung voraus. Immerhin hat er sechstausend Jahre damit zugebracht, mit Millionen von Menschen zu streiten. Er ist schlauer als wir. Die einzig wirksame Waffe gegen die Angriffe des Teufels ist das Wort Gottes. Auch Jesus hat diese Waffe benutzt. Er sagte nämlich: „Es steht geschrieben: ‚Der Mensch lebt nicht vom Brot allein.'"

Dann folgte der zweite Angriff. Der Teufel führte den Sohn Gottes in die heilige Stadt und stellte ihn auf die Zinne des Tempels, von der aus man zu dieser Zeit das tiefe Kidron-Tal überblicken konnte. Das Tal war damals zweihundert Meter tief; die Mauer steht heute noch, aber es geht heute bei weitem nicht mehr so tief hinunter. Der Teufel stellte Jesus also auf die Spitze des Tempels und ließ ihn hinuntersehen. Es bot sich eine schwindelerregende Aussicht auf das Tal. Der Teufel sagte: „Wenn du dich schon auf das Wort Gottes berufst, Jesus, so kann ich das auch. Spring doch hinunter, denn es steht geschrieben: ‚Er wird seinen Engeln befehlen, daß sie dich behüten', und: ‚Sie werden dich auf den Händen tragen, auf daß du deinen Fuß nicht an einen Stein stoßest'." Das ist meine Umschreibung von Matthäus 4,6.

Der Teufel beweist hier, daß auch er die Bibel

kennt. Er kann sich als Engel des Lichts tarnen. Wenn Jesus die Heilige Schrift zitieren kann, kann der Teufel es auch. Es ist wichtig, daß wir diese Taktik des Teufels durchschauen, weil viele Angriffe des Teufels unter dem Deckmantel einer Rechtfertigung auf uns zukommen, die sich auf die Bibel zu stützen scheint.

Haben Sie sich jemals gefragt: „Steht das, was der Teufel zitiert, wirklich so in der Bibel?“

Wenn Sie eine Bibel mit Querverweisen haben, so werden Sie auf Psalm 91,11-12 verwiesen werden als die Stelle, auf die der Teufel sich stützt: „Denn er hat seinen Engeln befohlen, daß sie dich behüten auf allen deinen Wegen, daß sie dich auf den Händen tragen und du deinen Fuß nicht an einen Stein stoßest.“ Deckt sich diese Stelle nun mit dem, was der Teufel in Matthäus 4 sagt?

Nein, das tut sie nicht.

Wenn der Teufel sich auf das Wort Gottes beruft, dreht er es so, wie er es gerade braucht. Das Wort Gottes stimmt nicht mit dem überein, was der Teufel in Matthäus 4 zitierte, weil der Teufel etwas ausgelassen hat.

Wenn Sie einen Teil der Heiligen Schrift stillschweigend übergehen, so wird Ihnen genau dieser Teil zum Verhängnis werden. Die Wahrheit, die Sie *nicht* aus der Bibel beziehen, bedeutet Ihren Untergang.

Der Teufel ließ bei seinem Zitat gerade den Teil weg, auf den es ankommt, nämlich: „daß sie dich behüten auf allen deinen Wegen.“

Wenn Jesus von dieser hohen Mauer gesprungen wäre, hätte ihn mit Sicherheit kein Engel aufgefangen. Jesus wäre vielmehr mit zerschmetterten Gliedern auf den Felsen angekommen, weil er von Gottes Wegen abgewichen wäre.

Merken Sie, worauf der Teufel es abgesehen hat? Bei Nehemia versuchte er, die Juden in die Irre zu leiten; er versuchte, ihren Kompaß durcheinanderzubringen, so daß sie in die falsche Richtung gehen würden. Er wollte Nehemia und seine Arbeiter von dem Weg abbringen, den sie für Gott gingen.

Auf diese Weise könnte der Teufel auch uns anzugreifen suchen. Noch dazu ist dies ein wirkungsvoller Angriff. Denn wie viele Christen sind sich schon absolut sicher, daß sie den Willen Gottes tun? Wenn wir aber auf geistlichem Gebiet Führungsaufgaben wahrnehmen wollen, müssen wir die Gewißheit haben, daß wir den Willen Gottes tun, sonst können wir die Mauer nicht bauen.

Jesus erwiderte dem Teufel: „Wiederum steht auch geschrieben: Du sollst Gott, deinen Herrn, nicht versuchen."

Bedeutet das, daß wir Gott versuchen, wenn wir einen Teil seines Wortes gern in Anspruch nehmen, einen anderen Teil aber geflissentlich übersehen?

Ein drittes Mal führte der Teufel Jesus in Versuchung. Er führte den Sohn Gottes auf einen hohen Berg, zeigte ihm alle Reiche der Welt und sprach zu ihm: „Das alles will ich dir geben." Der Teufel wußte sehr wohl, daß Jesus eines Tages ohnehin über alle Reiche herrschen würde, aber er bot ihm sozusagen einen kürzeren Weg zur Weltherrschaft an. Damit sagte er praktisch: „Du brauchst doch nicht ans Kreuz zu gehen! Du brauchst nur vor mir niederzufallen, dann will ich dir diese ganze Herrlichkeit geben."

Jesus hat den Anspruch Satans über die Reiche dieser Welt keineswegs bestritten. Satan ist der Fürst dieser Welt. Es hätte in seiner Macht gestanden, Jesus die Weltherrschaft zu geben. Wir sollten uns unsererseits davor hüten, allzusehr nach den Annehmlichkeiten und dem Beifall dieser Welt zu trachten. Wir können sogar zuviel Zeit und Energie darauf verwenden, für unser eigenes Land zu arbeiten. Es gibt heute viele nationale Bewegungen, die der Gemeinde Kraft und Glauben rauben. Dabei spielt sich der eigentliche Kampf auf einer anderen Ebene ab.

Diese Angriffe, die alle drei nacheinander vom Teufel kamen, waren nicht die einzigen „Versuchungen" Jesu. Er mußte sich auch gegen Angriffe von seiten der Pharisäer zur Wehr setzen. Und ein weiterer Angriff kam sogar von einem seiner Jünger, Petrus. Jesus erkannte aber, wer wirklich hinter all diesen Angriffen stand. Zum Teufel sprach er: „Hebe dich weg von mir, Satan!" Und auch zu Petrus sagte er: „Weg mit dir, Satan, geh mir aus den Augen!" (Einheitsübersetzung).

So etwas würden Sie sicher niemals zu Ihrem Freund sagen. Aber Jesus tat es. Denn es ging um das Reich Gottes. Wenn Sie angegriffen werden, denken Sie immer daran, daß es nicht nur um den einen Stein geht, den Sie gerade auf die Mauer setzen dürfen; der Angriff richtet sich vielmehr gegen das Reich Gottes als Ganzes.

Aus diesem Grunde zeigte Jesus auch unnachsichtige Strenge, wenn jemand versuchte, ihn abzulenken. Und aus dem gleichen Grund muß ich meinerseits jeder Ablenkung, allem, was meinen Blick trüben will, genauso unduldsam gegenüberstehen, weil Gott in Jesus Christus etwas getan hat, von dem die Erlösung der ganzen Welt abhängt. Wir allein wissen, woran die Welt im Grunde krankt, und wir allein wissen, wo die Heilung liegt. Wie kann ich mich dann von der großen Aufgabe, die vor uns liegt, ablenken lassen?

Der Apostel Paulus betonte, wie wichtig der „Gehorsam des Glaubens“ ist. Deshalb hat er viel vom Kampf gesprochen. Und deshalb hat er sich auch so viele Wunden zugezogen. Er hielt viel vom Kämpfen; er wollte kämpfen, und er war bereit, den Preis dafür zu zahlen.

Paulus war ständig die Zielscheibe von Satans Angriffen, weil Satan, wie wir es auch schon im Leben Jesu gesehen haben, das Erlösungswerk zum Stillstand bringen wollte. Wir alle müssen den gleichen Kampf auf uns nehmen, wenn wir Jesus nachfolgen wollen. Satan wird Sie angreifen. Am Körper, an der Seele und am Geist. Dabei wird der Geist am heftigsten angegriffen werden. Ich kann Ihnen auch sagen, warum das so ist.

Der Teufel will das Leben Jesu in uns töten. Daher richten sich alle Angriffe, denen ich ausgesetzt bin, nicht gegen mich persönlich. Meine Person ist in dieser Welt oder im Reich Gottes wertlos. Die Angriffe Satans richten sich vielmehr gegen das Leben des Sohnes Gottes in mir.

Deshalb ist auch jeder einzelne von uns so ungeheuer wichtig: *weil in uns der Sohn Gottes lebt.* Auf dieses Leben zielen Satans Angriffe ab. Alle Gebote im Neuen Testament sind daher nicht für uns, sondern für das Leben des Sohnes Gottes in uns bestimmt. Aus diesem Grunde sind wir auch dazu fähig, alles zu tun, was uns im Neuen Testament aufgetragen wird.

Ja, wir können das Reich Gottes auf Erden bauen! Wir können der Gerechtigkeit leben. Wir können von Gott als Bauleute gebraucht werden.

In den ersten drei Tagen nach seiner Ankunft in Jerusalem versuchte Nehemia möglichst wenig Aufsehen zu erregen. Schließlich stellte er auf eigene Faust Nachforschungen an. In Kapitel 2,11-16 haben wir bereits gesehen, wie er sich in der Nacht aufmachte, um sich die traurigen Überreste der Mauer selbst anzusehen. Wenn wir nicht den Mut haben, uns mit eigenen Augen zu vergewissern, wie schlimm die Dinge liegen, wie soll Gott uns dann je gebrauchen können, um den Wiederaufbau voranzutreiben? Wenn Sie darauf warten, daß Gott Sie persönlich ruft, müssen Sie auch persönlich Nachforschungen anstellen.

In Kapitel 2,17 schließlich teilt Nehemia seine Last mit seinen Freunden. Er sagt zu ihnen: „Ihr seht das Unglück, in dem wir sind, daß Jerusalem wüst liegt und seine Tore mit Feuer verbrannt sind." Es liegt ein großer Segen darin, die Last mit anderen Menschen teilen zu können. Es ist nötig, daß wir es tun, damit andere für uns beten können. Es ist nötig, daß wir uns anderen mitteilen, damit wir die Führung des Herrn im Hinblick auf unsere Aufgabe erkennen können, denn der Herr spricht auch durch die konstruktiven Ratschläge anderer Christen zu uns. Und schließlich müssen wir andere deshalb ins Vertrauen ziehen, weil wir sie als Mitarbeiter brauchen.

Genau das bringt auch Nehemia zum Ausdruck, als er fortfährt: „Kommt, laßt uns die Mauern Jerusalems wieder aufbauen, damit wir nicht weiter ein Gespött seien!" Damit sagt er praktisch: „Kommt und helft mir bauen! Ich kann es nicht alleine. Ich brauche jeden einzelnen von euch, um das Werk zu vollenden." Eigenbrötelei im Werk des Herrn ist eines der größten Übel in der heutigen Gemeinde. Sie verhindert, daß wir uns alle dem eigentlichen Kampf widmen. Wir sind eine Gemeinschaft; wir sind ein Leib. Deshalb können wir nicht unabhängig voneinander handeln. Wir müssen jedes einzelne Glied der Gemeinde Jesu Christi an unserer wichtigsten Aufgabe – der Verbreitung des Evangeliums in der ganzen Welt – beteiligen.

Politisch gesehen ist das Hauptproblem unserer Zeit der Kommunismus. Worin liegt die ungeheure Stärke des Kommunismus begründet? Die Antwort lautet: Es gibt keine Zuschauer im Kommunismus. Jeder wird vom kommunistischen System völlig vereinnahmt. Jeder Kommunist ist ein Revolutionär. Es ist gar keine Rede davon, daß sie ein Zehntel ihres Einkommens der Partei zukommen lassen – Kommunisten müssen bis zu neunzig Prozent ihres Einkommens opfern. Wenn sie das nicht tun, ist die Wahrscheinlichkeit groß, daß sie von Kollegen oder sogar von den eigenen Verwandten verraten werden.

Im Christentum hat es nie eine ähnlich starke Beteiligung gegeben. In der christlichen Gemeinde haben wir heute 99% Zuschauer. Ihr einziger Beitrag besteht darin, daß sie bei der Kollekte am Sonntag ein paar Münzen auf den Teller legen. Wenn aber der Sieg Gottes in dieser Welt offenbar werden soll, muß sich das von Grund auf ändern.

Als Nehemia seine Last mit anderen teilt, tut sich plötzlich etwas. In Vers 18 sehen wir, wie die Juden reagieren. Nachdem Nehemia ihnen erzählt hat, was Gott für ihn getan hat, und auf diese Weise ihr Glaube gestärkt wurde, sagen sie: „Auf, laßt uns bauen!" Das ist einfach großartig! Es ist nun nicht mehr Nehemia, der sagt: „Kommt, steht auf und baut!“ Nehemia tritt hier ein Stück zurück; er hat sein Anliegen mit den anderen geteilt; er hat ihnen erzählt, wie gut Gott zu ihm war. Und die anderen verstehen, was nun zu tun ist. Das ist das auslösende Moment! Lernen, daß man einander braucht, ist ein sehr wichtiger Schritt in unserer Zurüstung. Wir müssen gemeinsam ans Werk gehen. Wir müssen unsere Verbundenheit als Brüder und Schwestern im Glauben zum Ausdruck bringen.

Sie und ich sollten dafür beten, daß der Geist, der in dem Aufruf „Wir wollen uns aufmachen und bauen“ zum Ausdruck kommt, sich über die ganze Welt verbreitet und die ganze Christenheit erfaßt. Bevor das in Erfüllung geht, muß jedoch noch viel geschehen. Wenn Sie ein christliches Gesangbuch aufschlagen, werden Sie feststellen, daß in wahrscheinlich neunzig Prozent der bekannten christlichen Lieder nur von „ich“ und „mich“ die Rede ist: „mein Glück“, „mein Heil“, „meine Freude“, „mein Platz im Himmel“, „wenn ich vor Jesus stehe“, „wenn ich in die Herrlichkeit eingehe“, usw. Ist Ihnen das schon einmal aufgefallen? Welche Tendenz zeichnet sich heute in unseren modernen Chorälen und Liedern ab? Solange noch das eigene Ich im Mittelpunkt unserer Gedanken, unserer Worte und selbst unserer Lieder steht, werden wir jedenfalls nie in der Lage sein, uns mit der Not anderer zu identifizieren oder als ein Leib zu funktionieren.

Wir beobachten heute einen großen Kampf innerhalb der Entwicklungsländer. Wir erleben, wie unterdrückte Völker nach Unabhängigkeit streben. Daran ist sicher nichts verkehrt; es ist ihr gutes Recht. Das charakteristische Merkmal dieser Freiheitsbewegungen ist die ungeheuer stark ausgeprägte Solidarität unter den unterdrückten Völkern der ganzen Welt. Sie sprechen in der „Wir“-Form; sie sind eins in dem Streben nach Unabhängigkeit. Dieses starke Zusammengehörigkeitsgefühl ist wirklich erstaunlich. Wenn in der Gemeinde doch das gleiche Maß an Verbundenheit und Solidarität Wirklichkeit würde!

Sobald Nehemia und seine Mitarbeiter in Jerusalem gemeinsam ans Werk gingen, machte sich Widerstand bemerkbar. Leute, die andere Interessen hatten, verspotteten Nehemia. Sie sagten: „Was ist das, was ihr macht? Wollt ihr von dem König abfallen?“ Nehemia antwortete für alle: „Gott ist mit uns!“

Ich finde seine Antwort in Kapitel 2,20 einfach großartig: „Der Gott des Himmels wird es uns gelingen lassen; denn wir, seine Knechte, haben uns aufgemacht und bauen wieder auf. Für euch gibt es keinen Anteil, kein Anrecht noch Gedenken in Jerusalem.“

Nehemia weiß also genau, wo er die Grenze ziehen muß. Es gibt Leute, die mit Ihnen zusammenarbeiten werden und mit denen Sie auch zusammenarbeiten sollten. Es gibt aber auch Leute, die nie mit Ihnen zusammenarbeiten werden, wenn es darum geht, Menschen für Gott zu gewinnen. An solche Leute brauchen Sie keine Zeit zu verschwenden. Gott wird genug Menschen rufen, die mit Ihnen zusammenarbeiten wollen, um die Ernte für Gott einzubringen, und auf diese sollten Sie sich konzentrieren.

Es gibt heutzutage eine Bewegung, die von Einheit spricht. Sie wird von manchen als ökumenische Bewegung bezeichnet. Diese Bewegung findet immer dann Zulauf, wenn sich einige alarmierende Entwicklungen anbahnen: wenn die Kirchen leer sind, wenn sie schwindende Mitgliederzahlen verzeichnen, wenn unter den Menschen eine allgemeine Apathie um sich greift, wenn die liberale und moderne Theologie die Oberhand gewinnen; dann heißt es auf einmal: „Laßt uns alle zusammenkommen!"

Im Neuen Testament finden wir eine sehr schöne Geschichte. Im Lukas-Evangelium, Kapitel 5, sagt Jesus zu Simon Petrus und den anderen Fischern, daß sie ihre Netze auswerfen sollen. Daraufhin fangen sie so viele Fische, daß ihre Netze zu reißen beginnen. Deshalb rufen sie von ihrem Boot aus noch andere herbei, sie sollten kommen und ihnen helfen. Das ist nun freilich eine andere Geschichte, eine ganz andere Art ökumenischer Bewegung. Wenn es gilt, eine Ernte einzubringen, sollen Sie andere bitten, Ihnen zu helfen.

Wie der Fischfang endet, sehen wir in Vers 11. Die Fischer ziehen ihre Boote an Land, lassen alles zurück und folgen Jesus nach. Das ist also das Ergebnis: daß man sich zusammen an die Arbeit macht, zusammen baut, der Zukunft positiv gegenübersteht, Gott gehorcht, bereit ist, Führungsaufgaben zu übernehmen und den Preis dafür zu zahlen. Denn es gilt, einen Preis zu zahlen.

Wenn man zusammen baut, teilt man seinen Glauben, man teilt seine Mittel; ja, man teilt sein Geld, und man teilt seine Mitarbeiter. Nur wenn wir so bauen und den Preis der Zusammenarbeit zahlen, können wir das Werk vollenden.

Meiner Ansicht nach zeigt die Art und Weise, wie Nehemia seine Autorität ausübte und seine Führungsrolle wahrnahm, daß er im Grunde genommen recht einsam war. Er suchte keine Freunde; er suchte Mitarbeiter. Es galt, eine Aufgabe zu bewältigen, und als er sagte: „Kommt, laßt uns aufstehen und bauen", steckte er mit seiner Begeisterung auch die Menschen an, die ihn hörten.

Wie ich bereits gesagt habe, werden wir keine großen Taten vollbringen können, wenn es uns an Begeisterung fehlt. Begeisterung oder Enthusiasmus bedeutet: „brennend im Geist sein", „feurig im Geist sein". Wir können daher analog sagen, daß sich keine großen Dinge tun werden, wenn der Geist Gottes nicht wie eine Flamme in uns brennt. Sobald wir aber von Gottes Geist durchdrungen sind und wir alle gemeinsam auf unser großes Ziel hinarbeiten, werden wir Berge versetzen.

Wo fing Nehemia mit dem Wiederaufbau an? In Kapitel 3,1 heißt es: „Und Eljaschib, der Hohepriester, machte sich mit seinen Brüdern, den Priestern, auf, und sie bauten das Schaftor." Wie wir sehen, arbeiten hier alle mit den Händen. Deshalb habe ich auch gesagt, daß man keinen Unterschied machen kann zwischen weltlicher und geistlicher Arbeit. Der Hohepriester und die anderen Priester betätigen sich hier genauso als Maurer und Zimmerleute wie alle anderen auch. Jede Arbeit, die wir im Namen Jesu Christi tun, ist vor Gott geheiligt. Schreibarbeiten im Büro oder Buchführung sind genauso wichtig wie das Predigen. Wir alle brauchen gleichermaßen die Kraft des Heiligen Geistes. Denn ohne den Heiligen Geist können wir für das Reich Gottes nichts zuwege bringen.

Nun folgt eine der interessantesten Aufzählungen in der Heiligen Schrift. Ich habe zwei Schlüsselwörter unterstrichen. Vers 2 von Kapitel 3 beginnt mit den Worten: „Neben ihnen bauten die Männer von Jericho. Und daneben baute Sakkur, der Sohn Imris." Darauf folgt eine lange Reihe von Versen, die alle mit *„neben ihm"* anfangen. Als ich dieses Kapitel las, in dem ich diese Worte unterstrich, hörte es sich plötzlich wie ein Lied an: „Und neben ihm, und neben ihm, und neben ihm." Wie schön!

Zu diesem Kapitel möchte ich noch einige Anmerkungen machen. In Vers 8 ist die Rede von einem Hananja, der einen medizinischen Beruf ausübte. Gott gebrauchte also Männer aller Berufssparten, um die Mauer zu bauen. Einer baut neben dem anderen; der Arzt neben dem Psychiater, und dieser wiederum baut Seite an Seite mit dem Pfarrer.

In diesem Kapitel gibt es nur eine traurige Aussage, und zwar in Vers 5. Dort heißt es: „Neben ihm bauten die Leute von Thekoa, aber ihre Vornehmen beugten ihre Nacken nicht zum Dienst ihres Herrn." Das ist wirklich schlimm! Freilich steht auch im Neuen Testament: „Es gibt nicht viele, die weise und vornehm sind." Das heißt nicht, daß es gar keine gibt; es heißt nur, daß es nicht viele gibt. Wir müssen den Tatsachen ins Auge sehen. Gott baut sein Reich durch ganz gewöhnliche Männer und Frauen wie Sie und ich. Wir sollten uns darüber freuen, denn das bedeutet, daß wir bei Gott nicht abgeschrieben sind.

Um auf Kapitel 3 zurückzukommen: Nach Vers 16 ist nicht mehr von „neben ihm" die Rede. Von Vers 16 an beginnen die Verse meistens mit „nach ihm", und so entsteht ein neues Lied. Von „neben ihm, neben ihm" zu „nach ihm, nach ihm". Oh, laßt uns gemeinsam bauen! Das ergibt ein wunderschönes Bild. Alle brauchten einander, und sie wußten es.

Wenn ich ein Inspektor des Wiederaufbau-Komitees wäre und die Aufgabe hätte, den Verlauf der Bauarbeiten zu überwachen, würde ich dann wohl eine große Lücke von hundert Metern finden, wo niemand arbeitet? Nein, vermutlich nicht. Genauso sollten wir in der Welt arbeiten. Wir müssen gemeinsam ans Werk gehen.

Ganz am Ende des dritten Kapitels finden wir noch ein interessantes Wort. Über „neben" und „nach" habe ich bereits viel gesagt. In Vers 32 nun finden wir das Wort „zwischen". Wenn eine etwas größere Lükke zwischen den Bauleuten entstand, nahm ein anderer den Platz zwischen ihnen ein. Vielleicht sind auch Sie heute dazu aufgerufen, eine Lücke zu schließen.

Es ist interessant, einige Kapitel aus der Bibel umzuschreiben und sie in die Form von Nehemia 3 zu bringen. Lassen Sie mich dies an einem Beispiel verdeutlichen. In Römer 16,1 schreibt Paulus: „Ich befehle euch unsere Schwester Phöbe ..., denn auch sie hat Beistand vielen getan, auch mir selbst." Paulus stellt Phöbe hier ein sehr gutes Zeugnis aus. In diesem Kapitel beschreibt er insgesamt zehn verschiedene Leute. Wenn Sie diese zehn so auflisten würden, wie Sie es im Buch Nehemia sehen, würden Sie sagen: „Hatte Paulus aber viele Mitarbeiter!" Ja, das hatte er, ebenso wie Nehemia, denn wie hätte Nehemia sonst die Mauer bauen können?

Im ersten Korintherbrief, Kapitel 16,15, lesen wir: „Ihr kennet das Haus des Stephanas, daß sie sind die Erstlinge in Achaja, und haben sich selbst bereitgestellt den Heiligen zum Dienst." Was für ein wunderbarer Dienst! In der altenglischen Übersetzung heißt es, sie waren „addicted to the saints", das heißt: „den Heiligen ergeben". Heute wird „addiction" fast ausschließlich im negativen Sinne gebraucht (es bezeichnet eine Sucht; so bedeutet z.B. „drug addict" Drogenabhängiger). Den Heiligen aber kann man gar nicht genug ergeben sein! Wenn wir diese verzehrende Liebe für unsere Brüder haben, öffnen wir nicht nur unser Herz, sondern auch unser Haus und unseren Geldbeutel. Im gleichen Kapitel erwähnt Paulus noch mehr Namen.

Eine weitere Aufzählung dieser Art finden wir in Philipper 4. In Vers 2 ermahnt Paulus zwei Frauen, Euodia und Syntyche, sich wieder zu vertragen. Diese zwei Frauen haben sich zerstritten. Das ist zwar schlimm, aber ich bin froh, daß die Bibel auch von solchen Fällen ehrlich berichtet. In der Bibel steht nicht, daß Christen nie Streit haben; auch unter Christen kann es nämlich beträchtliche Meinungsverschiedenheiten geben, die sogar den Siedepunkt erreichen können. Von solchen Auseinandersetzungen berichtet auch die Bibel. Hören wir nun, was Paulus über die beiden streitenden Frauen schreibt: „... sie haben mit mir für das Evangelium gekämpft mit Klemens und meinen anderen Gehilfen, deren Namen in dem Buch des Lebens sind."

Sie haben miteinander, Seite an Seite, gekämpft! Das heißt also, neben Paulus Euodia; und neben Euodia Syntyche; und neben Syntyche Klemens; und neben Klemens ... Laßt uns gemeinsam bauen! Paulus hatte so viele Mitarbeiter, daß er gar nicht die Zeit hatte, sie alle aufzuzählen, aber er schreibt, daß ihre Namen im Buch des Lebens stehen. Stehen auch Sie im Buch des Lebens, und zwar nicht nur als Gläubige(r), sondern als Mitarbeiter im Reich Gottes?

Hierzu ein Beispiel aus Kolosser 4, wo Paulus einige Mitarbeiter aufzählt. In Vers 11, am Ende einer Aufzählung, schreibt er: „Aus der Beschneidung sind diese allein Mitarbeiter am Reich Gottes; sie sind mir ein Trost gewesen" (Elb.). In der damaligen Zeit mußte die Gemeinde Jesu wegen des politischen Drucks hauptsächlich im Untergrund arbeiten. Deshalb konnte Paulus in seinen Briefen an einigen Stellen Ortsbezeichnungen oder die Namen und Funktionen seiner Mitarbeiter nur andeuten. Vielleicht war er der Meinung, es sei zu gefährlich, ganz offen von seinen jüdischen Brüdern zu sprechen, und so bezeichnete er sie als „die aus der Beschneidung". Auch wir müssen heute in unserer Arbeit vorsichtig sein, weil wir, wie etwa in den kommunistischen Ländern, auf Widerstand stoßen; so wagen wir zum Beispiel nicht, die Namen unserer Kontaktpersonen preiszugeben oder die Städte zu nennen, aus denen sie kommen. Das gleiche gilt auch für Länder, in denen es Unruhen, Verfolgungen oder starke nationale Bewegungen gibt.

Was schreibt Paulus nun über seine jüdischen Brüder? Als er sich an sie erinnert, wird ihm wieder ganz warm ums Herz, und er sagt: „Sie sind mir ein Trost gewesen." Soll das etwa heißen, daß Paulus Trost brauchte?

Soll ich Ihnen ein Geheimnis verraten? Ich habe schon ein bißchen zu spüren bekommen, was Einsamkeit bedeutet. Ich erinnere mich an Zeiten, in denen jemand einen Arm um mich legte und ich nur noch weinen konnte.

In den ersten Jahren meiner Arbeit in Osteuropa dachte ich, ich hätte mich an die Einsamkeit gewöhnt. Oft war ich wochenlang in meinem kleinen Volkswagen unterwegs und glaubte, das hätte mich gegen das Alleinsein abgehärtet.

Als ich aber 1965 zum ersten Mal in den Vereinigten Staaten war, haben sich Dinge ereignet, die mich völlig aus der Bahn warfen. Ich hatte mich viele Jahre lang dagegen gesträubt, nach Amerika zu gehen, weil ich dachte, dies sei der Weg, den schon viele Europäer in der Hoffnung auf einen Geldsegen für ihre Arbeit gegangen waren. Außerdem wollte ich das Geld, das für Bibeln gespendet worden war, nicht für ein Flugticket nach Amerika ausgeben.

Ich änderte jedoch meine Meinung, als ich nach einer Versammlung in Holland einen Amerikaner kennenlernte, der mich predigen gehört hatte und mich einlud, nach Amerika zu kommen und dort in mehreren Städten zu sprechen. Was ich damals nicht gemerkt hatte, war, daß er ein fanatischer Anti-Kommunist war, der von mir erwartete, daß ich bei meinen Versammlungen die Kommunisten in Grund und Boden verdammte. Mir hätte spätestens dann ein Licht aufgehen müssen, als ich in seiner Bibelschule in den Bergen ankam, wo die Studenten auf sein Geheiß hin mit Waffen herumliefen. Er hatte ihnen gesagt, daß an der mexikanischen Grenze kommunistische Streitkräfte für eine Invasion bereitstanden und jederzeit einmarschieren konnten.

„Wenn wir nicht kämpfen, ist Amerika hoffnungslos verloren", erklärte er.

Das ganze Unternehmen war von Anfang an eine Katastrophe. Bei meiner ersten Versammlung sprach ich über die Erfahrungen, die ich gemacht hatte, als ich Bibeln nach Osteuropa brachte. Er war so wütend darüber, daß ich keine antikommunistische Parolen verbreitet hatte, daß er die übrigen Veranstaltungen absagte und mich einfach fallen ließ. Ich war so abgebrannt, daß ich in das billigste, schäbigste Hotel gehen mußte, das ich überhaupt finden konnte. Jeden Morgen ging ich in einen Laden in der Nähe des Hotels und kaufte mir einen Viertelliter Milch und vielleicht noch einen Joghurt. Den Joghurt aß ich mit einem Schuhlöffel, den ich mit auf die Reise genommen hatte. So schlug ich mich einige Tage lang durch, bis Corrie mir etwas Geld schicken konnte.

Schließlich erhielt ich auch einige Einladungen. Ich erinnere mich an eine Veranstaltung in einer der größten Kirchen Denvers. Wir hatten einen sehr bewegenden Gottesdienst; viele hatten Tränen in den Augen, als ich von der Not der leidenden Gemeinde hinter dem Eisernen Vorhang sprach und dazu Dias zeigte.

Am Ende der Veranstaltung stieg der Pfarrer auf die Kanzel und bat die versammelte Gemeinde inständig, tief in die Tasche zu greifen – denn es wurden „neue Kissenbezüge für die Kirchenbänke" gebraucht. Ich konnte es nicht fassen!

Dann wurde ich eingeladen, an einem großen theologischen Seminar zu sprechen. Ich kratzte meine letzten Cents zusammen, um den Flug dorthin zu bezahlen. Als ich schließlich am Ziel ankam, waren nur drei Leute erschienen – ein Professor und zwei Studenten. Niemand dachte daran, mir meine Auslagen zu erstatten.

Ich hatte mich noch nie in meinem Leben so einsam gefühlt wie unter all diesen selbstsüchtigen Leuten. Was wollte Gott mir damit zeigen? Konnte bei diesem amerikanischen Alptraum überhaupt etwas Gutes herauskommen? Das Ganze schien so sinnlos zu sein. Doch dann hat sich das Blatt plötzlich radikal gewendet.

Ich lernte ein paar großartige Brüder aus Kalifornien kennen, durch die ich eingeladen wurde, in einigen Gemeinden in Kalifornien zu sprechen. Eines Abends – ich war gerade in Los Angeles – ging ich zu einer Versammlung, um einen Mann namens John Sherrill sprechen zu hören, der auf wunderbare Weise von Krebs geheilt worden war. Man machte mich mit ihm bekannt, und später fand ich heraus, daß er für „Reader's Digest" gearbeitet hatte und nun für das Magazin „Guideposts" in New York tätig war.

„Was machen Sie beruflich?" fragte er. Ich erzählte ihm ein wenig von meiner Arbeit, und er schien wirklich interessiert und stellte ein paar bohrende Fragen.

„Hätten Sie Lust, morgen mit mir in meinem Hotel zu frühstücken, Andrew?" fragte er.

Ich nickte nur und sagte ihm nicht, daß ich noch nie in meinem Leben in einem Hilton gewesen war. Unser gemeinsames Frühstück war wirklich ein erhebendes Erlebnis für mich. Wir unterhielten uns drei Stunden lang, und John hörte mir gespannt zu. Zum ersten Mal zeigte jemand, mit dem ich mich persönlich unterhielt, echtes Interesse für die verfolgte Gemeinde. John zeichnete das Interview für „Guideposts" auf, und plötzlich kam die Sache ins Rollen. Das Echo, das dieses Interview auslöste, war wirklich phänomenal.

Schließlich bearbeiteten John und seine Frau Elizabeth gemeinsam das Buch „Der Schmuggler Gottes", das in dreißig Sprachen übersetzt wurde und das sogar heimlich in der Sowjetunion und in China verkauft wird. Eine unserer Kontaktpersonen in China an der Universität Peking hielt einige Ausgaben dieses Buches unter ihrem Bett versteckt, zusammen mit den Bibeln, die sie an Gläubige in der Hauptstadt verteilte.

Auf diese Weise hat der Herr also jene Zeit, in der ich mich schrecklich einsam fühlte, doch noch zu etwas Gutem gebraucht; vor allem wurde sein Werk an den verfolgten Christen ein großes Stück vorangebracht.

Wie wichtig ist doch der Dienst des Tröstens! Vielleicht haben diejenigen, die Paulus im Kolosserbrief erwähnt, einfach nur den Arm um ihn gelegt. Aber noch Jahre später, als Paulus im Gefängnis sitzt, erinnert er sich an sie. Vielleicht sehen Sie auch für sich eine Möglichkeit, wie Sie anderen auf diese Weise dienen könnten?

Lassen Sie mich in diesem Zusammenhang eine letzte Anmerkung machen. In Vers 14 des gleichen Kapitels (Kolosser 4) bezeichnet Paulus Lukas als den „geliebten Arzt“ (Gute Nachricht). Paulus selbst hatte durch die Gnade und die Macht Gottes Heilungen bewirkt. Wenn nun jeder durch Glauben und Gebet geheilt worden wäre, hätte Lukas seinen Beruf an den Nagel hängen können. Zu der Zeit, als der Kolosserbrief verfaßt wurde, arbeitete Bruder Lukas aber offensichtlich noch als Arzt, und als solcher war er allen Mitarbeitern des Paulus bekannt – als gewissenhafter Mitarbeiter und Arzt.

Wenden wir uns nun wieder Nehemia und dem Mauerbau zu, weil sich hier noch eine ganz wichtige Frage erhebt. Wenn wir alle an dieser großen Mauer bauen, wenn sie schließlich steht und jeder sein Stück gebaut hat, wie kriegen wir dann die verschiedenen Einzelteile zu einem Ganzen zusammen? Das ist eine interessante Frage, zumal viele Missionen für sich allein arbeiten und nicht danach fragen, was andere tun. Doch dabei arbeiten sie für Gott. Ich möchte hier keinesfalls den Eindruck erwecken, als wollte ich irgendeine Mission kritisieren; ich finde es nur bedauerlich, daß die verschiedenen Missionen oft keinen Kontakt zueinander haben. Jede baut ein Teilstück der Mauer, aber es fehlt die Verbindung zu den anderen Teilen. Wie kriegen wir nun zwei verschiedene

Mauerstücke zusammen? Wir brauchen einen besonderen Mörtel, den ich Liebe nennen würde. Es gibt aber noch einen besseren Weg. Missionen können nämlich gemeinsam bauen.

So arbeitet zum Beispiel „Open Doors“ mit vielen anderen Organisationen zusammen. Jede baut ein Stück der Mauer; jede hat andere Ziele und Methoden, aber das muß nicht heißen, daß jede strikt für sich arbeitet. Vielmehr ist es so, daß die verschiedenen Steine, die wir an unserem jeweiligen Teilstück aufeinandersetzen, sich an den Verbindungsstellen überlappen. Wenn ich beispielsweise gute Leute brauche oder auf eine neue Notlage aufmerksam werde, wende ich mich an Missionen wie zum Beispiel „Operation Mobilisation“, „Jugend mit einer Mission“, „Hospital Christian Fellowship“, die Wycliff-Bibelübersetzer usw. Diese Art von Gemeinschaft macht uns große Freude, weil wir auf diese Weise zusammen am Reich Gottes bauen. Wenn die Mauer fertig ist, werden die verschiedenen Teile lückenlos ineinander übergehen. Ich bin deshalb der Ansicht, daß die verschiedenen Missionen auf einer Ebene zusammenkommen sollten und sich über ihre Vorstellungen in bezug auf ihre Arbeit austauschen sollten.

In Nehemia Kapitel 3,38 lesen wir: „Aber wir bauten die Mauer und schlossen sie bis zur halben Höhe. Und das Volk gewann neuen Mut zu arbeiten.“ Zu dieser Zeit waren die Juden erst wenige Wochen an der Arbeit, und schon war die Mauer zur Hälfte wiederaufgebaut. Wenn wir bereit sind zusammenzuarbeiten, können wir in kurzer Zeit sehr viel erreichen. Allerdings müssen wir auf Widerstand gefaßt sein. Und gerade auf halbem Wege lauern besondere Gefahren.

Gerade als die Mauer zur Hälfte wiederaufgebaut ist, wird Nehemia besonders heftig angegriffen.

In Nehemia 6,15 sehen wir, daß der Mauerbau nach zweiundfünfzig Tagen abgeschlossen war. Das ist einfach großartig! Nur zweiundfünfzig Tage, um eine ganze Stadtmauer fertigzustellen! Da ist es kein Wunder, daß Nehemias Feinde in Panik gerieten.

Gewöhnlich wird man vom Teufel besonders heftig angegriffen, wenn man gerade die Hälfte des Wegs zurückgelegt hat. Wenn wir ein Vorhaben in Angriff nehmen – ganz gleich, welcher Art –, ist die Halbzeit immer eine schwierige und gefährliche Phase. Wir haben angefangen zu bauen, aber das Ende scheint noch so weit weg. Wir haben angefangen zu bauen, aber wir müssen mit manchen Problemen und Entmutigungen fertig werden.

Ich war früher einmal Langstreckenläufer. Wenn ich die Hälfte der Strecke zurückgelegt hatte, begann für mich immer die schwierigste Phase. Nachdem man die Hälfte geschafft hat, ist man so müde, daß man am liebsten aufgeben würde. Man kommt an die Grenze der eigenen Belastbarkeit, und diese Grenze gilt es zu durchbrechen. Dann ist die zweite Hälfte einfach.

Viele Studenten, die Fremdsprachen studieren, kommen nach etwa sechs bis neun Monaten an einen Punkt, an dem sie am liebsten das Handtuch werfen würden und völlig deprimiert sind. Sie sind am gefährlichsten Punkt angelangt.

Kurz nach der Freilassung von Wang Ming-Dao im Januar 1980 traf sich mein Freund und Kollege Bruder David, der die Arbeit von „Open Doors" in China leitet, mit ihm in Shanghai.

Pastor Wang, der inzwischen achtzig Jahre alt ist, sagte zu David: „Es gibt ein altes chinesisches Sprichwort, das lautet: ‚Es gibt viele Anfänge, aber nur wenige Enden.' Jeder, der etwas tut, hat einmal einen Anfang gemacht; aber nur wenige haben ihre Aufgabe zu Ende geführt."

Er fuhr fort: „Gott geht vor mir her und führt mich, und Gott geht hinter mir her und behütet mich. Ich bin in der Mitte. Was habe ich da schon zu fürchten?"

Ja, was haben wir schon zu fürchten? Gehen wir doch weiter, folgen wir dem Ruf unseres Herrn!

Jetzt, wo das Evangelium noch nicht in aller Welt verkündet wurde, *jetzt,* wo Gott uns ein so vielversprechendes Potential zur Verfügung gestellt hat; *jetzt,* wo wir mitten im Kampf sind – jetzt greift der Teufel an. Wovon hängen Sieg oder Niederlage ab? Bringen wir diesen Kampf im Gebet vor Gott? Wenn wir unseren Weg in der Nachfolge Gottes nicht unbeirrt weitergehen, wenn wir nicht den Preis dafür zahlen, werden wir auch nicht ans Ziel kommen.

Jetzt, da der Feind befürchten muß, daß Nehemia das Werk, das er begonnen hat, auch vollenden könnte, spielt sich der Angriff auf Nehemias Leben auf einer anderen Ebene ab. Als Sanballat und seine Freunde erkennen, daß es ihnen bisher nicht gelungen ist, die Juden von ihrem Vorhaben abzubringen, schicken sie einen Boten zu ihm und lassen ihm sagen: „Komm und laß uns in Kephirim im Tal Ono zusammenkommen!" (Kapitel 6,2).

Was schlagen die Widersacher also vor? „Komm, laß uns über die ganze Angelegenheit reden. Wir suchen den Dialog."

Aber Nehemia erwidert: „Ich kann nicht hinabkommen." Das klingt, als wolle er sagen: „Ich will nicht auf eure Ebene hinabsteigen." Nehemia hielt nicht viel vom Dialog. Jesus übrigens auch nicht.

Dialog ist heutzutage „in". Wir wollen den Dialog zwischen Ost und West. Wir wollen den Dialog zwischen Islam und Christentum. Wir wollen den Dialog zwischen Katholiken und Protestanten. Wir wollen den Dialog zwischen Weiß und Schwarz.

Das Wort ist so beliebt, daß es wichtig ist, sich über seine eigentliche Bedeutung klar zu werden. Wenn ich mich auf einen Dialog mit jemand einlasse, muß ich von der Möglichkeit ausgehen, daß mein Gesprächspartner im Recht und ich im Unrecht sein könnte. Ich muß ferner von der Aufrichtigkeit meines Gegenübers überzeugt sein und große Achtung vor ihm haben.

Jesus hat uns nicht gesandt, Dialoge zu führen, sondern das Evangelium zu verkündigen. Er ist in die Welt gekommen, um am Kreuz zu sterben und so den Teufel ein für allemal zu besiegen. Jesus ist nicht gekommen, um sich in einen Dialog mit dem Teufel einzulassen.

Jesus ist nicht von seinen Prinzipien abgewichen. Er hat seine Apostel ausgesandt, um das Reich Gottes zu verkündigen. Er hat sie nicht ausgesandt, um mit den Heiden einen Dialog zu führen.

Die Lehren Jesu sind eindeutig: Ob in Ost oder West, ob weiß oder schwarz, ob Katholik oder Protestant – wenn jemand die Frohe Botschaft annimmt, wenn jemand an den Herrn Jesus Christus glaubt, dann wird Gott ihn für den Bau seines Reiches gebrauchen. Sehen Sie, wie sich auf diese Weise die Probleme, vor denen wir in unserer heutigen Welt stehen, von alleine lösen? Wir arbeiten in einem anderen Reich. Wir bewegen uns auf einer anderen Ebene.

Das richtet sich nun nicht gegen die Menschen, die auf der weltlichen Ebene arbeiten. Es liegt mir fern, Politiker oder andere, die sich für die Rechte der unterdrückten Völker einsetzen, zu kritisieren. Ich würde mich sogar mit ihnen identifizieren. Bei meiner Unterredung mit Ian Smith, dem früheren Premierminister von Rhodesien, sagte ich: „Sie müssen mir einfach die Genehmigung geben, in die gesperrten Gebiete zu reisen, weil ich zu den afrikanischen Freiheitskämpfern möchte. Ich möchte mich mit ihnen als Menschen identifizieren. Ich möchte ihnen um den Hals fallen und sagen: ‚Ihr seid meine Brüder!'" Denn so hätte Jesus gehandelt. Leider wurde mein Gesuch abgelehnt.

Als in Rhodesien Wahlen abgehalten wurden, nutzten einige junge Christen die Gelegenheit, zu den Stützpunkten der Guerillakämpfer zu gehen und von Jesus Zeugnis zu geben. Einen solchen Schritt kann ich nur aus vollem Herzen befürworten.

Dabei ist allerdings immer ein bestimmter Grundsatz zu beachten. Wenn ich Guerilla-Basen in Afrika oder palästinensische Guerilla-Lager in den arabischen Ländern besuchen könnte, würde ich mich zwar gern mit den Freiheitskämpfern zusammensetzen und mich mit ihnen als Menschen identifizieren, ich wollte mich aber nicht auf einen Dialog mit ihnen einlassen. Wenn sie mich auf politischer Ebene in eine Diskussion verwickeln wollten, könnte ich nur darauf eingehen, wenn ich ihrem Standpunkt etwas entgegenhalten könnte, wenn ich eine Alternative anzubieten hätte, aber ich betätige mich nun einmal nicht politisch.

Ich sage nicht, daß die Widerstandskämpfer unrecht haben; ich sage nur, daß ich auf einer anderen Ebene arbeite und daß ich von dieser Ebene nicht herabsteigen kann, weil es einfach zuviel zu tun gibt. Gott hat mich beauftragt, an seinem Reich zu bauen. Das heißt nicht, daß ich deshalb etwas Besseres wäre als andere. Es heißt nur, daß ich auf einer anderen Ebene arbeite, mit einer anderen Art von Menschen, mit ganz anderen Methoden und mit einem ganz anderen Ziel vor Augen. Ich befasse mich mit Dingen, die Ewigkeitswert haben.

Gott hat mich dazu berufen, für ihn zu wirken. Ich werde mich daher nicht auf einen Dialog auf politischer Ebene einlassen, denn damit würde ich zugeben, daß mein christlicher Glaube nicht mehr wert ist als ihre politischen Anschauungen. Das aber wäre eine entsetzliche Lüge! Unsere Arbeit ist nun einmal völlig anders. Wir arbeiten für Gott und sein Reich.

Aus diesem Grunde ist auch ein Dialog zwischen den verschiedenen Religionen einerseits und dem Christentum andererseits – zum Beispiel zwischen dem Islam und dem Christentum – nicht möglich. Das Christentum ist nämlich keine Religion. Wußten Sie das schon? Das Christentum ist eine Lebensweise. Christentum bedeutet, *mit Jesus durchs Leben zu gehen.* Das kann ich in jedem Land und unter jedem politischen Regime tun. Ich kann so mit Gott gehen, wie Enoch vor mehreren tausend Jahren mit Gott ging. Und ich kann so mit Gott gehen, wie all die Männer und Frauen in der Bibel mit Gott gingen.

Lassen Sie mich dies an einem praktischen Beispiel verdeutlichen. Angenommen, ich will in ein kommunistisches Land einreisen und habe mein Auto mit Bibeln vollgepackt. Ich will diese Bibeln in das andere

Land bringen, weil dort die meisten Christen und sogar viele Pastoren keine Bibel haben. Der Grenzbeamte hält mich an; das ist seine Pflicht. Ich erwarte von ihm, daß er seinem Herrn treu dient. Sein Herr befiehlt ihm, meine Bibeln zu vernichten. Nun, das ist sein gutes Recht. Ich liebe ihn deshalb nicht weniger. Ich kann jeden lieben, der mich verfolgt, weil der andere ja nur seinem Herrn dient; er ist von seinem Herrn abhängig, sonst würde er nicht so handeln.

Wenn ich in dieser Situation nur meinem Herrn treu diene, gerate ich nicht in Schwierigkeiten. Der Grenzbeamte fragt mich also: „Haben Sie religiöse Literatur in Ihrem Wagen?" Wohlgemerkt, ich würde nie lügen. Was sage ich nun? Ich habe Bibeln dabei, und der Beamte fragt nach religiöser Literatur. Soll ich mit ja oder nein antworten?

Soll ich mich auf einen Dialog einlassen?

Wenn ich ja sage, gebe ich zu, daß das Christentum eine Religion ist wie alle anderen Religionen auch. Aber das Christentum ist keine Religion; es ist eine *Lebensart.* Gott hat uns die Bibel gegeben, um uns den Weg des Lebens zu zeigen. Jesus ist der Weg und *das Leben.*

Ich sehe dem Beamten also gerade in die Augen und sage mit dem reinsten Gewissen: „Nein, ich habe keine religiösen Bücher dabei." Ich weigere mich, auf seine Ebene hinabzusteigen und auf die Bedeutung einzugehen, die im Sprachgebrauch seiner Ideologie üblich ist.

Doch das ist natürlich meine Sicht der Dinge. Er hat wieder eine andere Sicht, und er hat ein Recht darauf. Wenn er dann in meinem Auto Bibeln entdeckt, kann alles mögliche geschehen. In manchen Ländern könnte ich dafür sogar ins Gefängnis geworfen werden. Bevor ich mich jedoch überhaupt mit Bibeln auf den Weg mache, muß ich mir klar machen, daß ich bereit sein muß, um der Frohen Botschaft willen ins Gefängnis zu gehen.

Nun werden einige Brüder mir vorhalten: „Jesus hat sich aber mit der Samariterin am Brunnen auf einen Dialog eingelassen." Ist das wirklich der Fall gewesen? Jesus hat mit der Samariterin keinen Dialog geführt, er hat ihr die Botschaft vom Reich Gottes verkündet. Er hat ihr gesagt, wie es in Wahrheit um sie bestellt ist; daraufhin hat sie danach gefragt, wie man Gott anbeten soll. Jesus hat der Samariterin die Frohe Botschaft verkündet – auf ihrer Ebene, da, wo sie lebte –, um sie mit dem Wort Gottes zu erreichen.

Jesus hat hier das Prinzip der Identifizierung angewandt. Dieses Prinzip ist auch der Grund, weshalb ich gern zu den Guerillas gehen würde. Wenn ich mich mit diesen Menschen identifizieren kann, so heißt das jedoch noch lange nicht, daß ich mich auf einen Dialog mit ihnen einlassen muß; ich möchte ihnen nämlich keine Alternative zu ihren freiheitskämpferischen Idealen anbieten. Ich würde ihnen vielmehr das Evangelium verkündigen wollen, damit auch sie auf die geistliche Ebene, auf die Ebene von Gottes Reich, heraufkommen könnten.

Identifizierung bedeutet, zu leben, *wo* andere Leute leben; es bedeutet nicht, zu leben, *wie* andere Leute leben. Jesus ist auf die Erde herabgekommen, um da zu leben, wo wir leben, aber er hat nicht so gelebt wie wir. Er ist nie auf eine Ebene hinabgestiegen, auf der er seine Beziehung zum Vater verlor. In diesem Sinne hat Jesus sich nie auf einen Dialog eingelassen. Der Teufel hat ihm zwar einen Dialog vorgeschlagen, aber Jesus hat ihm eine klare Absage erteilt. Jesus hat sich nie mit dem Teufel an einen Verhandlungstisch gesetzt. Er hat sich kein Wortgefecht mit ihm geliefert. Jesus ist gekommen, um am Kreuz zu sterben, und durch seinen Kreuzestod hat er Satan besiegt.

Ich finde, die Aufforderung an Nehemia, zu kommen und mit seinen Feinden zu reden, hat etwas Groteskes. Der Dialog sollte in der Ebene von Ono stattfinden. Als aber die Widersacher Nehemia dazu aufforderten, entgegnete er: „Nein!“ Nehemia wollte unter keinen Umständen mit ihnen verhandeln. In Kapitel 6,4 heißt es: „Sie sandten aber viermal zu mir in dieser Weise, und ich antwortete ihnen in der gleichen Weise.“ Viermal sagten die Feinde: „Laß uns miteinander reden!“ Viermal erwiderte Nehemia: „Nein!“ Das imponiert mir! Unser Nein sollte genauso entschieden sein wie unser Ja. Denn die Welt achtet darauf. Unser Ja zu Jesus Christus sollte uns standhaft machen. In dem Maße, in dem wir zu Jesus Ja sagen, sollten wir zum Teufel Nein sagen.

In Kapitel 6,3 finden wir Nehemias ausführlichste Antwort an seine Widersacher: „Ich habe ein großes Werk auszurichten, ich kann nicht hinabkommen; es könnte das Werk liegenbleiben, wenn ich die Hand abtäte und zu euch hinabkäme.“

Nehemia hat die List seiner Feinde durchschaut. Sie wollten den führenden Mann ausschalten, so daß alle anderen aufhören würden zu arbeiten. Sie wollten unaufhörlich reden, so daß keine Zeit mehr für die Arbeit bliebe. Nehemias Antwort: „Ich habe ein großes Werk auszurichten“ finde ich großartig.

Ist Nehemia hier nicht ein bißchen stolz? Urteilen Sie nicht vorschnell! Wenn eine Hausfrau weiß, daß sie eine gute Köchin ist, und sagt: „Ich kann gut kochen", ist sie dann stolz? Nein, das ist sie nicht. Ein gewisser Stolz auf das eigene Können ist nicht verkehrt. Sie wissen, ob Sie ein guter Arzt oder eine gute Krankenschwester sind – Sie *sollten* es sogar wissen. Sie sollten wissen, daß andere ihre gute Arbeit zu schätzen wissen. Jeder, der Gottes Willen tut, arbeitet an einem großen Werk.

Was ist Stolz? Besitzerstolz – das ist richtiger Stolz. Gleichzeitig ist das auch der Fluch der westlichen Welt. Wir sind stolz auf die Dinge, die wir gehortet haben. Wir sind stolz auf die Dinge, die wir besitzen. Und genau dieser Stolz ist das Verderben unserer westlichen Gesellschaft. Als Christ sollten Sie in dem Bewußtsein leben, daß Sie an einem großen Werk arbeiten. Wenn Sie dieses Bewußtsein haben, werden Sie sich nicht so leicht von Nebensächlichkeiten ablenken lassen.

Nachdem Nehemias Feinde viermal vergeblich versucht haben, ihn zu einem Dialog zu bewegen, verstärken sie ihren Angriff. In Kapitel 6,5 berichtet Nehemia: „Da sandte Sanballat zum fünftenmal seinen Diener zu mir mit einem offenen Brief in seiner Hand."

Der Brief enthält schwere Anschuldigungen gegen Nehemia. Wenn Sanballat eine Pressekonferenz hätte einberufen können, hätte er sich den Reportern gegenüber sehr negativ über Nehemia geäußert – allerdings nicht mit dem Ziel, Dinge zu ändern, die angeblich nicht in Ordnung sind, sondern mit der Absicht, Nehemia und seine Mitarbeiter in Angst zu versetzen. Nehemia bemerkt in Vers 9: „Sie alle wollten uns nämlich einschüchtern; sie dachten: dann lassen sie die Hände von dem Werk, und es kommt nicht zustande" (Einheitsübersetzung).

Wir würden das, was Sanballat hier tut, als Rufmord bezeichnen. Wenn man einen Menschen schon nicht körperlich töten kann, so kann man zumindest anderen Leuten erzählen, was für ein schlechter Kerl er ist. Und wenn man es erst geschafft hat, Zweifel an der Lauterkeit seiner Absichten zu säen, ist der andere erledigt.

Ich habe das schon einmal am eigenen Leibe zu spüren bekommen, als eine Frau in meiner kleinen Heimatstadt in Holland begann, anderen Leuten Briefe zu schreiben, in denen sie mich schlechtmachte. Auch mir hat sie so einen gemeinen Brief geschrieben. Ich war damals in der W.E.C.-Zentrale in Upper Norwood, London. Als ich die Anschuldigungen las, die sie so rachsüchtig zu Papier gebracht hatte, brach ich völlig erschüttert in Tränen aus. Ich war gerade in meinem Schlafzimmer, und so sank ich auf die Knie und schluchzte: „Herr, was soll ich nur tun? Das sind doch alles nur Lügen. All die bösen Dinge, die sie über mich sagt, sind einfach nicht wahr."

Der Herr zeigte mir, wie ich reagieren sollte. Ich schrieb der Frau einen Brief folgenden Inhalts zurück: „Liebe Schwester, in Wirklichkeit ist alles noch viel schlimmer, als Sie sagen. Wenn Sie wüßten, was in mir vorgeht! Ihre Anschuldigungen sind noch harmlos im Vergleich zu meinem wahren Charakter."

Damit hatte ich die Frau zum Schweigen gebracht. Sie schrieb danach nie wieder verleumderische Briefe über mich. Sie wußte, daß ich mich davon nicht einschüchtern ließ. Genauso wollten auch Nehemias Widersacher den Juden einfach Angst einjagen. Sie wollten ihren Elan, ihren Arbeitseifer zerstören.

Wie reagiert nun Nehemia auf diese Einschüchterungsversuche? Er betet: „Doch nun, o Gott, stärke du meine Hände" (Vers 9b). Inmitten solcher Anfechtungen und falscher Anschuldigungen kann uns nur Gott halten.

Der Feind bekam die Wirkung dieses Gebets zu spüren, denn Gott erhörte Nehemia und stärkte seine Hände. Nun kommt der nächste Angriff. Es ist der heftigste, den man sich nur denken kann, der gemeinste, dem man im Dienste Gottes überhaupt ausgesetzt sein kann. Der Teufel versucht es auf die religiöse Tour. Und wenn der Teufel die Maske der Frömmigkeit aufsetzt, heißt es: Achtung!

Das größte Problem in unserem Dienst ist der Wolf im Schafspelz. Nehmen Sie sich vor westlichen Kirchenfürsten in acht, denen in totalitären Staaten ein ehrenvoller Empfang bereitet wird und die dann zurückkommen und sagen, alles sei in bester Ordnung. Sie werden damit zum größten Feind der verfolgten Gemeinde. Nehmen Sie sich auch vor den sogenannten Führern aus den unterdrückten östlichen Ländern in acht, die den Westen bereisen und behaupten, in ihren Ländern stehe alles zum Besten. „Es gibt bei uns keine Verfolgung", sagen sie, ohne mit der Wimper zu zucken. Aber glauben Sie mir: Es *gibt* doch eine Verfolgung, und zwar in großem Ausmaß. Diese Männer werden von ihren kommunistischen Regierungen dafür bezahlt, daß sie den gutgläubigen Westen in die Irre führen.

In Kapitel 6,10 lesen wir, daß Nehemia einen Mann besuchte, der anscheinend zu seinen Freunden zählte. Dieser Mann machte Nehemia einen Vorschlag, wobei er offensichtlich unterstützte, was bereits viele jüdische Propheten gesagt hatten: „Laßt uns zusammenkommen im Hause Gottes, im Innern des Tempels, und die Türen des Tempels zuschließen; denn sie werden kommen, dich zu töten, in der Nacht werden sie kommen, damit sie dich töten."

Das ist nun wirklich ein sehr heimtückischer Angriff. Es ist dem Feind nicht gelungen, Nehemia an den Verhandlungstisch zu locken. Satan hat es auch nicht geschafft, seinem Ruf zu schaden. Daher wollen sie ihn nun im Hause Gottes einschließen, was letzten Endes auf dasselbe hinausläuft: Die Arbeit, wird lahmgelegt.

Nehemia gab eine ausgezeichnete Antwort: „Sollte ein Mann wie ich fliehen? Sollte ein Mann wie ich in den Tempel gehen, um am Leben zu bleiben? Ich will nicht hineingehen." Gewöhnliche Menschen – das heißt solche, die kein Priesteramt innehatten – durften den Tempel nicht betreten. Das heißt also, daß die Feinde Nehemia dazu verführen wollten, sich gegen ein geistliches Gesetz zu versündigen. Der Angriff gegen Nehemia spielt sich nun völlig auf der geistlichen Ebene ab, und genau auf dieser Ebene ist man am verwundbarsten. Nehemias Reaktion lautet: „Sollte ein Mann wie ich fliehen?" Damit sagt er praktisch: „Ich bin in eine bestimmte Verantwortung gestellt. Ich habe den Preis zum Teil schon bezahlt, und ich bin bereit, alles zu zahlen, was noch zu zahlen ist. Wenn das bedeutet, daß ich mit meinem Leben zahlen muß, dann bin ich auch dazu bereit, aber ich werde auf keinen Fall vor meiner Verantwortung davonlaufen."

Solche Angriffe richten sich fast immer gegen den Mann an der Spitze, denn wenn dieser aus dem Weg ist, ist das ganze Team ohne Leiter, und die Arbeit wird beeinträchtigt. Natürlich werden sich auch die anderen Mitglieder des Teams gegen Angriffe zur Wehr setzen müssen, aber die meisten Angriffe richten sich gegen den Leiter des Teams. Wenn der Teufel ihn selbst nicht antasten kann, greift er ihn durch die Menschen an, die der Betreffende liebt, etwa seine Frau oder seine Kinder. Das Ergebnis ist letzten Endes dasselbe: die Arbeit wird lahmgelegt.

In den ersten Jahren meiner Arbeit in Osteuropa war ich einmal in Ungarn unterwegs. Meine Dolmetscherin war eine Witwe, deren verstorbener Mann, ein Evangelist, Großes für Gott getan hatte.

„Einmal, als mein Mann unterwegs war, um an mehreren Orten zu predigen, wurde ich schwer krank", erzählte die Frau. „Er wurde durch ein Telegramm davon benachrichtigt, daß ich im Sterben läge, und man bat ihn, sofort nach Hause zu kommen. Er fragte den Herrn, was er tun sollte, und war überzeugt, daß er bleiben sollte. ‚Ich bin sicher, daß der Herr es nicht zulassen wird, daß meine Frau stirbt, wenn ich unterwegs bin, um ihm zu dienen. Das ist nur ein Trick des Teufels!'"

Sie erzählte weiter, daß er geblieben war und sie auf wunderbare Weise geheilt wurde. Daraus habe ich etwas gelernt. Mit Gottes Hilfe können wir auch schlechte Nachrichten in unserem Privatleben zurückweisen.

Wie viele Missionare treten aus diesem Grunde den Rückzug an? Sie haben dem Druck zu Hause nachgegeben, anstatt durch den Glauben zu siegen und auf ihrem Posten zu bleiben. Wenn sie geblieben wären, hätte der Herr das Problem gelöst, weil er es nicht zulassen würde, daß der Teufel auf solch eine hinterlistige Weise den Sieg davonträgt.

Ich habe jedoch schon selbst erlebt, wie der Teufel uns durch Menschen, die uns nahestehen, angreifen kann. Wenn ich nach einer langen Reise nach Hause komme, fühle ich mich oft Corrie und den Kindern entfremdet. Einmal war ich dreieinhalb Monate unterwegs, und als ich wieder heimkam, fingen meine Kinder an zu weinen, weil da ein „Fremder“ im Haus war. Sie haben mich nicht wiedererkannt. Ich war so bestürzt, daß ich auch anfing zu weinen.

Manchmal war der Druck so groß, daß Corrie sogar die Stellenangebote in der Zeitung durchsah und vorschlug, wir sollten uns nach einer weltlichen Arbeit umsehen.

Im tiefsten Innern wissen wir jedoch, daß das nicht möglich ist. Gott hat uns zu einem bestimmten Dienst berufen, und wir müssen weitermachen. Manchmal ist es allerdings nicht einfach. So war es zum Beispiel eine besonders schwierige Zeit, als ich sechs Wochen in der Sowjetunion war und die ganze Zeit über Gläubige zu mir kamen, um sich an meiner Schulter auszuweinen. Kaum war ich wieder zu Hause, als ständig Pfarrer zu mir kamen, um mir ihre moralischen und geistlichen Probleme zu klagen. Das Problem war nur, daß ich keine trockene Schulter mehr übrig hatte. Ich hatte einfach nicht mehr die Kraft, mit alledem fertig zu werden.

Ich war erschöpft, Corrie war müde, und die Kinder waren gereizt. Da flüsterte mir der Teufel zu: „Warum gibst du nicht einfach alles auf, Andrew, und führst ein gutbürgerliches Leben wie andere Leute auch?“ Ich mußte dies zu einem ständigen Gebetsanliegen machen, weil hier der Teufel unserem Dienst den größten Schaden zufügen kann.

Wie die Dinge wirklich liegen, wird Nehemia in Vers 12 klar: „Ich merkte, daß nicht Gott ihn gesandt hatte. Denn er sagte die Weissagung über mich, weil Tobia und Sanballat ihm Geld gegeben hatten.“

Nehemia spricht hier nicht von seinen arabischen Feinden; er spricht von seinen jüdischen „Freunden“, die von seinen Feinden bezahlt wurden, um diese Weissagung auszusprechen.

Ich möchte an dieser Stelle nicht weiter auf Weissagungen bzw. Prophezeiungen eingehen. Seien Sie aber vorsichtig, wenn andere Leute anfangen, etwas über ihr Privatleben zu prophezeien, besonders dann, wenn es Ihre Beziehung zu einem anderen Menschen betrifft. Dies ist oft die Stimme des Feindes, der durch einen sogenannten „Bruder“ oder eine „Schwester“ im Glauben spricht. Nehemia erzählt: „Ich merkte, daß nicht Gott ihn gesandt hatte.“ Nehemia hatte die Gabe der Unterscheidung. Er wußte ganz genau, ob das Wort eines Propheten von Gott kam, ob es von dem Betreffenden selbst stammte oder ob es vom Teufel kam.

In Vers 13 wird die Absicht klar, die hinter dieser Taktik steht: „(Denn er sagte die Weissagung über mich) ... damit ich mich fürchten und so handeln und mich verfehlen sollte, daß ein böses Gerücht aufkäme, damit sie mich verhöhnen könnten.“ Wie reagiert Nehemia darauf? Er betet (Vers 14): „Gedenke, mein Gott, des Tobia und Sanballat nach diesem ihrem Tun, auch der Prophetin Noadja und der andern Propheten, die mich abschrecken wollten.“

Sehen wir uns diesen Vers einmal genauer an: Nehemias Gebet richtet sich gegen die Feinde Gottes, die nicht zum Volk Israel gehören, doch im gleichen Atemzug erwähnt er Feinde im eigenen Lager. Wenn der Feind an der Außenfront Halt machen würde, wäre die Lage noch nicht so schlimm; aber wenn er ins eigene Lager vordringt, wenn die eigenen Freunde anfangen uns anzugreifen, und wenn sogenannte „geistliche“ Leute behaupten, im Namen Gottes zu uns zu sprechen, in Wirklichkeit aber uns entgegenarbeiten, dann kommt es zu einer echten Krise.

Es ist eigentlich kaum zu fassen, was sich da in Nehemias kleinem Freundeskreis in Jerusalem direkt vor Gottes Augen abspielt: Einige von ihnen scheint der Teufel so fest im Griff gehabt zu haben, daß sie sogar gegen Nehemia und sein großes Werk für Gott weissagen.

Wir sollten daher alle äußerst vorsichtig sein, denn wenn so etwas *damals* geschehen konnte, dann kann es ebensogut auch *heute* geschehen. Aus diesem Grunde ist es ungeheuer wichtig, daß wir die Gabe der Unterscheidung der Geister haben und daß wir den Willen Gottes für unser Leben ganz klar vor Augen haben.

Sobald der Teufel anfängt, Sie auf der geistlichen Ebene anzugreifen, bedeutet das, daß Sie für Gott einen äußerst wichtigen Dienst tun, aber es bedeutet gleichzeitig, daß Sie in ernster Gefahr sind. Deshalb sollten Sie mit Gott und mit der Bibel gut vertraut sein, denn sonst stehen Sie einer solchen Situation hilflos gegenüber.

Unsere Welt ist völlig aus den Fugen geraten. Deshalb ist es um so wichtiger, daß wir in der Endzeit an Gottes Reich bauen. Das Einfachste, was Sie in dieser verworrenen Zeit tun können, ist fliehen. Sie können sich in die Hektik des Berufslebens flüchten. Sie können eine kleine Mauer um Ihre Familie bauen und sich in ein trautes Familienleben flüchten. Vielleicht würden Sie auch gern vor Ihrer Verantwortung fliehen. Doch bevor Sie die Flucht antreten, denken Sie daran, was Nehemia sagte: „Sollte ein Mann wie ich fliehen?“

Das erinnert mich an den großen Reformator Martin Luther. Als er vor dem Kaiser in Worms erscheinen sollte, rieten ihm alle Freunde: „Geh nicht hin, Martin! Sie werden dich dort fertigmachen. Du mußt fliehen!“ Luther erwiderte: „Ihr könnt von mir alles erwarten, nur eins nicht: Angst. Ich werde nicht fliehen! Mein Gewissen ist gebunden an Gottes Wort.“ Als er schließlich vor dem Kaiser stand, sagte er: „Hier stehe ich, ich kann nicht anders. Gott helfe mir!“

Sind Sie auch in einer Lage, in der Sie von sich sagen können: „Hier stehe ich, ich kann nicht anders“? Dann sind Sie ein Gefangener Jesu Christi. Und als Gefangener Jesu können Sie niemandem sonst gehören.

Luther hat Jesaja 28, Vers 16 folgendermaßen übersetzt: „Wer glaubt, der flieht nicht.“ Meiner Ansicht nach ist das eine sehr schöne Übersetzung. Wenn Sie ganz auf Gott vertrauen, werden Sie auch nicht vor Ihrer Verantwortung davonlaufen.

Ihre Verantwortung besteht darin, eine Mauer zu bauen! Ihre Verantwortung besteht darin, Gott zu dienen. Und sie besteht darin, für Ihre Brüder und Ihre Familien zu kämpfen.

Seien Sie ebenso praktisch wie geistlich!

Zu den positivsten Eigenschaften Nehemias zählt seine praktische Veranlagung. Nehemia war freilich auch ein durch und durch geistlicher Mensch, ein Mann des Gebets, wie wir bereits gesehen haben. Zu seinen Führungsqualitäten gehörte aber auch ein Sinn fürs Praktische sowie eine gewisse Nüchternheit und Umsicht – Züge, die wir manchmal fälschlicherweise gerade nicht bei Menschen suchen, deren geistliches Leben besonderen Tiefgang hat.

Wir haben bereits gesehen, daß Nehemia alle Einzelheiten im voraus plante, und in diesem Punkt können wir einiges von ihm lernen. Wir sollten planen und organisieren, bevor wir ans Werk gehen.

Nehemia war außerdem ein vorsichtiger Mensch. Denken Sie nicht, daß Wagemut und Vorsicht einander ausschließen.

Das gleiche können wir übrigens auch bei Daniel beobachten, als er in der Löwengrube saß. Er war mutig, aber er war gleichzeitig auch vorsichtig. Er hatte es sicher nicht darauf angelegt, die Löwen zu reizen, indem er sie am Schwanz zog. Ich habe das einmal zu einem Arzt in Jugoslawien gesagt. Er lachte und fügte hinzu: „Und er hat ihnen sicher nicht die Barthaare gekitzelt. Denn damit hätte er sein eigenes Todesurteil unterschrieben."

Meiner Ansicht nach ist es unbiblisch, den Feind zu reizen. Es ist schon schlimm genug, wenn er uns in Versuchung führt, aber wenn wir ihn herausfordern, haben wir von vornherein verloren. Wenn wir zum Beispiel Bibeln über feindliche Grenzen schmuggeln, nehmen wir sie nicht zur allgemeinen Besichtigung heraus, so daß die Grenzbeamten sofort darauf aufmerksam würden. Damit würden wir das Unheil geradezu heraufbeschwören.

Ich weiß von einer Mission, die ebenfalls Bibeln nach Osteuropa schafft, aber die Bibeln so transportiert, daß sie leicht entdeckt werden können. Sie halten nichts davon, ihre kostbare Fracht zu verstecken. Bedauerlicherweise gelingt es ihnen deshalb kaum, Bibeln über die Grenze zu bringen, so daß das ganze Unternehmen meiner Ansicht nach nicht sehr sinnvoll ist.

Nehemia war sowohl mutig als auch vorsichtig. Deshalb ging er nicht in den Kampf, ohne sich vorher eine Strategie zurechtzulegen.

In diesem Zusammenhang möchte ich auf Kapitel 2,11 und 12 hinweisen. Dort heißt es: „Und als ich nach Jerusalem kam und drei Tage da gewesen war, machte ich mich in der Nacht auf und wenige Männer mit mir; denn ich hatte keinem Menschen gesagt, was mir mein Gott eingegeben hatte, für Jerusalem zu tun; und es war kein Tier bei mir außer dem, auf dem ich ritt." Nehemia inspizierte die Mauer nicht gleich am ersten Tag oder in der ersten Nacht nach seiner Ankunft. Ich kann mir denken, warum er seine Nachforschungen noch etwas aufschob: Er wollte nicht, daß seine Feinde unnötigerweise Verdacht schöpften. Seine Ankunft in dieser Stadt, in der große Armut herrschte, war von vielen Menschen bemerkt worden. Sie hielten ihn sicher für einen sehr reichen und einflußreichen Mann. So waren alle Augen auf ihn gerichtet. Drei Tage lang unternahm er nichts, bis er nicht mehr im Mittelpunkt des allgemeinen Interesses stand.

Ich denke, es gab noch einen Grund, weshalb Nehemia zunächst abwartete. Als gottesfürchtiger Mann, der nur den einen Wunsch hatte, den Willen Gottes zu tun, suchte Nehemia ständig Bestätigungen vom Herrn. Mir selbst ist es auch immer so ergangen, wenn ich eine Reise nach Osteuropa antrat. Ich habe zuerst immer bewußt die Entscheidung getroffen, mich auf den Weg zu machen, weil ich glaubte, daß Gott es mir ins Herz gegeben hatte, diese Reise zu unternehmen. Aber gleichzeitig bat ich den Herrn immer um mindestens zwei Bestätigungen. Es ist durchaus biblisch, das zu tun; ich bin mir allerdings noch nicht ganz im klaren darüber, ob es ein Zeichen von Glauben oder Unglauben ist.

Erinnern Sie sich an die Geschichte von Gideon? Gideon wußte, was er für Gott tun sollte, und trotzdem sagte er: „Herr, bitte gib mir ein Zeichen!“ Und er legte über Nacht Wolle auf die Tenne. In der ersten Nacht sagte er: „Wenn die Wolle naß ist und der ganze Boden umher trocken, so werde ich das als Bestätigung dafür ansehen, daß Gott Israel durch meine Hand erretten will.“ Und genauso geschah es auch.

Nun hätte Gideon eigentlich Gewißheit haben müssen, aber er sagte: „Herr, es tut mir sehr leid, und ich möchte dich schon im voraus um Vergebung dafür bitten, aber ich hätte gern noch ein Zeichen. Ich möchte es noch einmal mit der Wolle versuchen, und wenn dieses Mal die Wolle trocken bleibt und auf dem ganzen Boden Tau liegt, werde ich genug Glauben haben.“

Viele sagen, daß Gideon keinen starken Glauben hatte; er hätte schon das erste Mal gehorchen müssen, als Gott ihm kundtat, was er von ihm wollte. Aber er bat um ein besonderes Zeichen; er wollte eine besondere Bestätigung, und als Gott ihm diese Bestätigung gab, war er immer noch nicht zufrieden. War das ein Zeichen von Unglauben?

Wie denken Sie darüber? Ich finde, man muß schon einen großen Glauben haben, um überhaupt von Gott eine Bestätigung erwarten zu können. Ich behaupte daher, daß selbst das Bitten um eine Bestätigung bereits ein Ausdruck von Glauben ist, wobei man natürlich nie genug Glauben haben kann. Ich selbst bitte bei jeder Reise um eine oder zwei Bestätigungen, selbst wenn ich diese erst dann bekomme, wenn ich bereits unterwegs bin.

Eines Tages machte ich mich in meinem kleinen Volkswagen auf den Weg nach Ungarn. In einem Ort in der Nähe von Frankfurt, wo es eine großartige christliche Gemeinde gibt, machte ich halt. Ich wußte, daß an diesem Abend eine Gebetsstunde stattfinden würde, und so ging ich hin, um mit den Geschwistern dort zu beten. Als ich ankam, sagte der Leiter dieser Gruppe zu mir: „Eine unserer älteren Schwestern ist sehr krank, Andrew; würdest du sie bitte besuchen?“

„Das will ich gern tun“, antwortete ich.

Ich ging also in ihr Haus, und als ich in ihr Zimmer kam, sagte sie: „Hallo, Bruder Andrew, sind Sie es?“

„Ja, und ich freue mich, Sie zu sehen“, erwiderte ich.

Daraufhin sagte sie zu meinem Erstaunen: „Ich habe Sie heute erwartet. Letzte Nacht hat Gott mir gesagt, daß Sie vorbeikommen würden.“

Da hatte ich also die erste Bestätigung, die ich verlangte, aber ich wollte noch eine. Nun sagen Sie vielleicht: „Bruder Andrew, Sie sind ein Zweifler.“ Das mag stimmen, aber so bin ich nun einmal. Ich brauche einfach noch ein paar Bestätigungen. Ich brauche Glauben, um Dinge zu tun, die ich ohne Glauben eben nicht tun könnte.

Auf dieser Reise wurde mir angst und bange, als ich mich der ungarischen Grenze näherte. Vielleicht kennen Sie keine Angst, ich jedenfalls habe oft Angst. Ich bin nun einmal nicht besonders mutig, und ich war damals mutterseelenallein unterwegs. Ich hatte eine Menge Dinge dabei, die ich normalerweise bei der Einreise in dieses Land gar nicht mitnehmen durfte. Außerdem waren zu dieser Jahreszeit gewöhnlich nicht viele Touristen in Ungarn, und vermutlich würde ich so ungefähr der einzige Ausländer sein, der zu dieser Zeit in seinem Wagen im Land herumreiste. Ich hatte mir vorgenommen, in vielen Kirchen in allen Teilen des Landes zu predigen. In Ungarn hatte ich immer vor sehr großen Versammlungen gesprochen, und es hatte sogar Erweckungen gegeben.

Nun war ich also an der Grenze und hatte Angst. Ich wollte nicht über die Grenze, denn ich wußte: Wenn ich Angst im Herzen hatte, hatte ich keinen Glauben, denn Angst und Glauben haben in ein- und demselben Herzen keinen Platz.

Als ich noch ca. hundert Meter von der Grenze entfernt war, konnte ich den Stacheldraht sehen, die Wachtürme und die Wachtposten mit ihren Maschinengewehren. Ich muß ehrlich sagen, ich hatte Angst. Also machte ich kehrt und fuhr ins nächste Dorf zurück. Dort nahm ich mir ein Zimmer in einem kleinen Hotel und verbrachte zwei Tage mit Beten und Fasten, weil ich noch eine Bestätigung haben wollte. Ich brauchte etwas, was die Angst aus meinem Herzen vertrieb.

Ich weiß nicht, ob Sie das verstehen, aber vielleicht kommt einmal ein Tag in Ihrem Leben, an dem Sie es verstehen werden. Ich brauchte nur noch ein Zeichen von Gott, und ich war entschlossen, so lange zu bleiben, bis Gott zu mir sprechen würde. Ich las natürlich auch viel in der Bibel, und bald sprach Gott zu mir durch sein Wort. Alle Angst war wie weggewischt. Ich bestellte etwas Gutes zu essen, packte meinen Koffer und fuhr zur Grenze.

Ich reiste hinter den Eisernen Vorhang, und Gott schenkte mir einen gesegneten Aufenthalt in Ungarn. Doch zuvor war es einfach nötig gewesen, daß ich auf den Herrn harrte.

Ich habe sogar schon Reisen ausfallen lassen, wenn der Herr sie nicht durch ein bestätigendes Zeichen besiegelt hat. Ich muß immer zuerst auf den Herrn harren.

Genau das hat auch Nehemia in Kapitel 2,11 getan. Er wußte freilich, zu welchem Zweck er nach Jerusalem gekommen war. Schon am ersten Tag, in der ersten Stunde nach seiner Ankunft, hätte er sich ans Werk machen können, aber das wäre wohl ein großer Reinfall geworden. Wir sollten lernen, auf den Herrn zu harren. Wir sollten Gott die Gelegenheit geben, uns genau zu sagen, was sein Wille für uns ist – eine oder zwei oder so viele Gelegenheiten, wie wir eben brauchen, um Gewißheit zu bekommen. Nur so können wir klare Entscheidungen treffen; nur so kann unsere Arbeit für den Herrn wirklich gelingen.

Nehemia hatte außerdem einen gesunden Menschenverstand. In Kapitel 4,3 lesen wir: „Wir aber beteten zu unserm Gott und stellten gegen sie Tag und Nacht Wachen auf zum Schutz vor ihnen.“ Wir können so übertrieben geistlich werden, daß wir sagen: „Das alles muß Gott tun.“ Doch das wäre ganz und gar nicht im Sinne der Bibel. Wir müssen unsere Not zwar vor Gott bringen, aber dann wird Gott in vielen Fällen sagen: „Gut, nun sorge du selbst für die Erhörung deines Gebets!" Die Männer, die am Wiederaufbau der Mauer arbeiteten, waren von allen Seiten bedroht. Und Nehemia trug die Verantwortung für sie. Das trieb ihn ins Gebet, aber dessenungeachtet organisierte er einen Schutz, ein Abwehrsystem. Tun wir das nicht alle? Wenn wir nachts schlafen gehen, befehlen wir uns dem Herrn an; wir bitten ihn, uns zu behüten – aber das bedeutet nicht, daß wir nicht die Haustür abschließen!

Sie müssen realistisch sein. Sie müssen einerseits geistlich und andererseits realistisch sein. Wenn Sie beide Eigenschaften in sich vereinen, sind Sie ein ausgewogener Christ. Damit will ich nicht die falsche Vorstellung wecken, geistlich sein und realistisch sein seien unvereinbare Gegensätze. Beide Eigenschaften lassen sich sehr wohl miteinander vereinbaren, nur muß man sie erst zusammenbringen.

Sie befehlen dem Herrn Ihre Gesundheit an, und trotzdem ziehen Sie einen Mantel an, wenn es kalt ist. Sie erwarten von Gott, daß er Sie stark und kräftig macht, und trotzdem achten Sie darauf, daß Sie genug essen. Genau das bedeutet geistlich sein. Wenn Sie Ihren Körper oder Ihre Familie vernachlässigten, so wäre das sehr ungeistlich. Bei Nehemia sehen wir den gesunden Menschenverstand eines gottesfürchtigen Mannes.

Daß Nehemia ein geistlicher und praktischer Mensch zugleich ist, zeigt auch die Tatsache, daß er genug Glauben hatte, ein so großes Werk in Angriff zu nehmen – ein Glaube, den Gott ihm geschenkt hatte. Trotzdem brachte er jedes Problem sofort im Gebet vor Gott. Beten ist nämlich eine sehr realistische

Reaktion: Nehemia gibt zu, daß er das Problem nicht allein lösen kann. Nur Gott kann es lösen. Und im gleichen Moment, in dem Nehemia Gott bittet, das Problem zu lösen, sieht er auch schon die Lösung vor sich. Genauso antwortet Gott auf unsere Gebete.

In Kapitel 4,4 klagen die Juden, daß den Trägern die Kraft ausgehe, daß es zu viel Schutt gäbe und es ihnen nie gelingen würde, das Werk zu vollenden.

Es ist eine ganz besondere Gabe, einen sicheren Blick dafür zu haben, wenn andere überfordert sind. Jeder, der in einer führenden Position steht, sollte diese Gabe haben. Getrieben von unserer eigenen Entschlossenheit und unserem Übereifer neigen wir leicht dazu, andere anzutreiben, und ignorieren dabei völlig, daß sie müde werden. Nehemia aber hat nicht die Augen vor der Tatsache verschlossen, daß sich unter seinen Leuten Anzeichen der Erschöpfung bemerkbar machten, und er fand eine Lösung.

Hinter der Klage der Juden stand die Angst, daß der Feind sie in ihrem erschöpften Zustand leicht überwältigen und töten könnte. In Vers 13 berichtet Nehemia: „Da stellte man sich auf unten hinter der Mauer an den offenen Stellen, und ich ließ das Volk antreten nach seinen Geschlechtern mit Schwertern, Spießen und Bogen." Er stellte sie also so auf, daß sie sich angesichts ihrer Erschöpfung nicht mehr bedroht fühlten. Er stellte sein Team so um, daß seine Mitarbeiter ihre Resignation überwanden. Menschen, die für andere Verantwortung tragen, sollten einen besonderen Blick dafür haben, wenn in einem Team bestimmte Probleme auftauchen. Sie sollten herausfinden, warum diese Probleme auftreten und eine Lösung für ihre Ursache finden. Diese Fähigkeit ist eine Gabe Gottes, und Nehemia hatte diese Gabe.

In Kapitel 5,1-5 steht Nehemia vor einer anderen Schwierigkeit. Diesmal geht es um die Versorgung des Volkes mit Nahrungsmitteln, um die Sicherung des Existenzminimums. Einige Juden hatten ihre Felder, Weinberge und Häuser verpfänden müssen, andere sogar ihre Kinder, um Getreide zu kaufen, damit sie zu essen hatten und leben konnten. Wieder andere mußten Geld aufnehmen, um die Steuern zahlen zu können. Das hatte zur Folge, daß manche große Reichtümer anhäuften, während andere immer ärmer wurden. Das ist ein typisches, weltweites Problem, und es ist gerade dann besonders heikel, wenn die zwischenmenschlichen Beziehungen innerhalb einer sehr kleinen Gemeinschaft davon betroffen sind.

Nun ist es erstaunlich zu beobachten, daß Nehemia, obwohl bereits die Verantwortung für den Wiederaufbau auf seinen Schultern lastet, das Problem sieht und versteht und auch den Mut hat, dieses Problem anzupacken. In den Versen 6 und 7 berichtet er: „Als ich aber ihr Schreien und diese Worte hörte, wurde ich sehr zornig. Und ich hielt Rat mit mir selbst ..." Nehemia nahm das Problem in Angriff. Hier sehen wir, was es bedeutet, die Autorität eines Verantwortlichen auszuüben: den Schuldigen zu ermitteln und das Opfer zu verteidigen, Mißstände abzustellen und beide Seiten anzuweisen, was zu tun ist.

Nehemias Charakterstärke zeigt sich deutlich an seiner unparteiischen Haltung den betroffenen Personen gegenüber. In Vers 7 heißt es: „Und ich hielt Rat mit mir selbst und schalt die Vornehmen und die Ratsherren und sprach zu ihnen: Wollt ihr einer gegen den andern Wucher treiben?"

Stellen Sie sich das nur einmal vor: Nehemia greift die Vornehmen an! Er zeigt mit dem Finger auf die führenden Männer im Volk. Auf die kleinen Leute zu zeigen, die auf der untersten Stufe der sozialen und politischen Leiter stehen, ist keine Kunst. Jeder kann den Untergebenen die Schuld in die Schuhe schieben. Wenn etwas schiefgeht, kann man immer sagen, die Arbeiter hätten einen Fehler gemacht. Dagegen braucht es besonderen Mut, den führenden Männern ihr Unrecht ins Gesicht zu sagen. Das bezeichne ich als Unparteilichkeit: wenn jemand den Schuldigen ungeachtet ihrer jeweiligen Stellung mutig entgegentritt. Haben auch wir den Mut, sowohl Freund als auch Feind entgegenzutreten?

Ich bewundere Nehemia, wie er in diese Situation eingriff. Die Vornehmen entwickelten damals ein kapitalistisches System, in dem die Armen gezwungen waren, Geld aufzunehmen, und in dem die Reichen Zinsen verlangten für das Geld, das sie den Armen geliehen hatten. Im jüdischen Gesetz war es aber verboten, Zinsen für Geld zu verlangen, das man anderen Juden geliehen hatte. Die Juden durften nur Ausländern etwas auf Zinsen leihen; von ihren Brüdern durften sie keine Zinsen nehmen. Als die Reichen zur Zeit Nehemias trotzdem von ihren Brüdern Zinsen forderten, warf ihnen Nehemia vor: „Ihr handelt unrecht!“

Ich habe mir – offen gestanden – überlegt, wie es damals überhaupt reiche Leute geben konnte. Es ist doch erstaunlich, daß es in der damaligen Zeit in Jerusalem, wo fast jeder bedürftig war, noch Reichtum und Vermögen gab. Warum haben diese Reichen vor Nehemias Eingreifen nichts unternommen, um die Mißstände in Jerusalem zu beseitigen? Man trifft selten Wohlhabende, die die Liebe Gottes in ihrem Herzen haben. Wenn sie wirklich etwas von der Barmherzigkeit Jesu hätten, hätten sie ihren Reichtum schon längst mit den Armen geteilt, wie es viele gottesfürchtige Männer und Frauen in der Kirchengeschichte getan haben.

Nehemia hat sich wohl kaum sonderlich beliebt gemacht, als er die Vornehmen angriff. Doch schließlich hatte er seine Stelle am Hof des Königs nicht deshalb aufgegeben und war nach Jerusalem gereist, um sich bei anderen beliebt zu machen. Keiner der Propheten war beliebt; Jesus selbst war nicht beliebt – aus diesem Grund wurde er auch ans Kreuz geschlagen. Möchten Sie bei anderen beliebt sein? Dann sollten Sie ins Showgeschäft oder in die Politik gehen.

Nehemia hatte das Wohl seines Volkes im Auge. Sein Herz schlug so sehr für dieses Volk, daß er sich nicht im geringsten um sein persönliches Wohlergehen oder um seinen Ruf kümmerte. Setzen wir uns ebenso selbstlos für andere ein?

Gott hat gesagt

Nehemia, der Mann von großem Weitblick, der zum führenden Mann seines Volkes wurde, hat den Bau der Mauer von Jerusalem in allen Einzelheiten sorgfältig geplant. Vermutlich hat er auch die verschiedenen Aufgaben im Rahmen des Bauplans verteilt. Bezeichnenderweise beginnt sein Bericht über die Bauarbeiten (Kapitel 3) damit, daß die Priester das Schaftor bauen. Die ganze Mauer mußte wiederaufgebaut werden, und sie hatte viele verschiedene Tore. Warum beginnt Nehemia ausgerechnet am Schaftor?

Dieses Tor hat eine ganz besondere Bedeutung: es ist das Tor, durch das die Schafe geführt werden, die auf dem Altar geopfert werden sollen. Und das Opferlamm auf dem Altar war das erste, was wieder eingesetzt werden mußte.

Genau das muß auch bei uns an erster Stelle stehen: das Lamm Gottes, das die Sünde der Welt hinwegnimmt, die Botschaft vom Blut Jesu Christi. Denn nur dadurch werden wir von aller Sünde und Ungerechtigkeit gereinigt. Nur wenn unser Herz durch sein Blut gereinigt wurde, kann Gott Glauben darin wachsen lassen. Wenn Sie keinen Glauben haben, liegt es vielleicht daran, daß Sie das Lamm Gottes nicht kennen und Gott Ihnen deshalb die Gabe des Glaubens nicht schenken kann?

Ist da noch Angst in Ihrem Herzen? Angst und Glaube können nicht in ein- und demselben Herzen wohnen. Glaube bedeutet nicht, keine Zweifel zu haben, sondern Zweifel, Angst und Ungewißheit zu überwinden.

Deshalb war auch das Schaftor das erste Tor, das in Jerusalem wiederaufgebaut werden mußte. Der Glaube des ganzen Volkes mußte erneuert werden. Die Menschen mußten neu von ihrer Sünde gereinigt werden, und zwar täglich.

In allem, was wir für Gott tun, müssen wir uns auf Jesus Christus gründen. Jesus ist das einzige tragfähige Fundament für unseren Dienst im Reich Gottes. Es ist sinnlos, eine Mauer bauen zu wollen, wenn dieses Fundament fehlt. Ganz gleich, was wir in dieser Welt tun: Wenn das Fundament unseres Handelns nicht Jesus Christus, der Sohn Gottes ist, kurieren wir nur an den Symptomen der Probleme herum, ohne das Übel an der Wurzel zu packen.

Das Schaftor weist auf Jesus hin, und bei allem, was wir anfangen, müssen auch wir zuerst andere Menschen auf Jesus hinweisen. Die Voraussetzung dafür ist, daß wir selbst Jesus Christus kennen. Wir müssen wissen, daß Jesus die Hauptperson in unserem Leben ist, und daß es bei allem, was wir sagen, immer um Jesus geht. Vielleicht dürfen wir nicht einmal seinen Namen erwähnen, dennoch werden wir von ihm sprechen.

Lassen Sie mich an dieser Stelle noch einiges über die Person Jesu Christi sagen, weil im ganzen Buch bisher mehr von Nehemia als von Jesus die Rede war. Im Epheserbrief, Kapitel 4,11 und 12, lesen wir: „Und er hat etliche zu Aposteln gesetzt, etliche zu Propheten, etliche zu Evangelisten, etliche zu Hirten und Lehrern, daß die Heiligen zugerüstet würden zum Werk des Dienstes. Dadurch soll der Leib Christi erbaut werden …“ Auch in Christus wird also etwas aufgebaut. In Vers 13 wird das Bauziel beschrieben: „(Dadurch soll der Leib erbaut werden,) bis daß wir alle hinankommen zur Einheit des Glaubens und der Erkenntnis des Sohnes Gottes, zur Reife des Mannesalters, zum vollen Maß der Fülle Christi."

In diesem Abschnitt des Epheserbriefes werden eine Reihe von Ämtern innerhalb der Gemeinde beschrieben: das Amt des Apostels, des Propheten, des Evangelisten, des Hirten und des Lehrers. Jesus hat diese verschiedenen Ämter in sich vereinigt. Jesus war ein Apostel (Hebräer 3,1). Jesus war ein Prophet (Apostelgeschichte 3,22). Jesus war ein Evangelist (Lukas 4,18). Und Jesus war ein Lehrer (Johannes 3,2).

Interessanterweise hat Jesus, obwohl er ein Lehrer war, nie von sich gesagt: „Ich bin der gute Lehrer"; er war zwar ein Prophet, aber er hat nie gesagt: „Ich bin der gute Prophet." Was er von sich sagte, war: „Ich bin der gute Hirte." Der gute Hirte ist derjenige, der seine Herde weidet.

Ich glaube, das ist ein weiterer Grund, weshalb die Bauarbeiten am Schaftor begonnen wurden. Bevor wir am Reich Gottes weiterbauen können, muß der gute Hirte uns weiden. Jesus, der gute Hirte, weidet seine Schafe, und wenn wir als Verantwortliche möchten, daß andere mit uns am Reich Gottes bauen, sollte auch unser erstes Ziel sein, die Herde zu weiden. Unsere erste Pflicht besteht nicht darin, den anderen Anweisungen zu geben, was sie tun sollen; darin sind wir ohnehin keine Experten. Wir müssen vielmehr die Schafe weiden!

Wie macht man das aber? In Johannes 10,15 lesen wir, wie Jesus es tat. Er sagte: „Ich lasse mein Leben für die Schafe." Im ersten Johannesbrief, Kapitel 3,16 ist die Rede von einem wundervollen Geheimnis: „Daran haben wir erkannt die Liebe, daß er sein Leben für uns gelassen hat." Aber der Vers geht noch weiter: „… und wir sollen auch das Leben für die Brüder lassen." Deshalb mußte zuerst das Schaftor wieder aufgebaut werden.

Erinnern Sie sich an das interessante Gespräch zwischen Petrus und Jesus nach der Auferstehung Jesu, von dem in Johannes 21 berichtet wird? Jesus fragte: „Simon, Sohn des Johannes, liebst du mich?" Diese Frage geht unter die Haut. Drei Mal fragte Jesus: „Liebst du mich wirklich?" Als wollte er damit sagen: „Du mußt vielleicht einen Preis dafür zahlen."

Petrus antwortete: „Ja, Herr, du weißt, daß ich dich liebe. Warum fragst du danach? Warum fragst du gleich drei Mal? Glaubst du mir nicht? Nimmst du mich nicht ernst? Ich liebe dich wirklich!"

Was antwortet Jesus daraufhin? „Weide meine Schafe!" Er hat Petrus aber nichts gegeben, womit er sie hätte ernähren können. Petrus mußte wie gebrochenes Brot in den Händen seines Meisters sein. Petrus hatte keine anderen Mittel zur Verfügung; keine anderen Mittel als den Mann der Schmerzen, der als guter Hirte sein Leben für die Schafe ließ. Jesus sagte mit anderen Worten: „Geh hin, Petrus, und tu das gleiche!"

Wenn Jesus zu Ihnen sagt: „Weide meine Schafe", so wird er auch Ihnen nicht geben, womit Sie die Schafe am Leben erhalten können. Wissen Sie auch, warum? *Weil sie von Ihnen leben sollen.* Wenn Sie regelmäßig beten und die Bibel lesen und sich Gott völlig hingeben, werden Sie Gottes Liebe in einem solchen Überfluß haben, daß es auch noch für andere reicht. Die anderen leben davon, daß Sie Ihr Leben für sie hingeben.

„Weide meine Schafe!" Jesus ist das Lamm Gottes und gleichzeitig auch der gute Hirte. Wir sind die

Schafe und gleichzeitig auch Hirten. Wir sind das Haus, das in Christus aufgebaut wird, und müssen zuerst das Schaftor aufbauen.

Das Prinzip der Hingabe ist etwas Revolutionäres. Jesus leitete eine Revolution ein: die Revolution der Liebe. Bei jeder anderen Revolution in unserer heutigen Welt bringen die Revolutionäre ihre Gegner einfach um. Was unsere Welt braucht, ist eine Revolution der Liebe: Wir geben unser Leben hin, damit andere leben können. Das ist die Revolution, die Jesus uns gebracht hat. Was für ein Revolutionär möchten Sie sein? Alles hängt davon ab, wie sehr Sie Jesus lieben.

Nehemia fing mit dem Wiederaufbau am Schaftor an, weil er wußte, daß sein Volk vor allem anderen die Reinigung seiner Sünden brauchte. Und es brauchte den Glauben, der aus einem gereinigten Herzen kommt, um den Maueraufbau vollenden zu können. Auch wußte Nehemia, daß sein Volk schließlich einsehen mußte, daß es durch die Gnade und Liebe des allmächtigen Gottes keine Rechte, sondern nur Pflichten und wunderbare Vorrechte hatte.

Steht das Schaftor schon in Ihrem Leben? Dann können Sie damit beginnen, die anderen Tore wiederaufzubauen. So haben es auch Nehemia und seine Mitarbeiter gemacht. Sie haben die ganze Mauer in zweiundfünfzig Tagen fertiggestellt.

Als Nehemia sich dann die fertige Mauer und die Tore ansah, dachte er: „Jetzt taucht ein neues Problem auf. Es leben nämlich kaum Menschen in der Stadt. Warum haben wir denn eine Mauer gebaut, wenn niemand in ihrem Schutz wohnt?“

Was tut Nehemia in dieser Situation? In Kapitel 7,5 findet er ein Geschlechtsregister aller Einwohner von

Juda. Er geht dieses Verzeichnis durch, um zu entscheiden, wer in Jerusalem wohnen sollte.

Wir haben zu Anfang gesagt, daß Nehemia Fragen stellte; daß er wissen wollte, wie es um seine Brüder bestellt war. Weil er so ehrlich war, Fragen zu stellen, hatte er eine Schau, ein Ziel vor Augen. In Kapitel 7 nun ist Nehemia offensichtlich doch derselbe wie am Hofe des Königs von Susa. Er sagt: „Gebt mir das Buch; ich möchte wissen, welche Namen darin stehen."

In diesem Zusammenhang muß ich an ein anderes, außerordentlich wichtiges Buch denken, von dem in der Bibel berichtet wird: das Buch des Lebens. In dieses Buch des Lebens schreibt Gott die Namen all derer, die sich für Jesus Christus entscheiden. Niemand wird schon bei seiner Geburt automatisch ins Buch des Lebens eingetragen. Auch wenn man als Kind christlicher Eltern geboren wird, hat man damit noch kein Anrecht darauf, ins Buch des Lebens aufgenommen zu werden. Schließlich bin ich ja auch kein Pferd, wenn ich in einem Stall geboren bin. Und ich bin kein Keks, wenn ich in einer Keksfabrik zur Welt gekommen bin. Analog dazu bin ich noch lange kein Christ, nur weil ich in eine christliche Familie hineingeboren bin.

Es ist allerdings ein großer Segen, in einer christlichen Familie aufzuwachsen. Einen besseren Start ins Leben kann man sich gar nicht denken, als einen Vater und eine Mutter zu haben, die regelmäßig beten. Und doch kommt irgendwann im Leben der Moment, in dem man sich selbst für Jesus entscheiden muß. Diese persönliche Entscheidung muß jeder treffen, selbst wenn er aus einem christlichen Elternhaus kommt.

Es gibt unzählige, die sich in der kirchlichen Arbeit engagiert haben; sie haben in dieser Welt viel Gutes getan. Sie haben mit uns zusammen Seite an Seite an der Mauer gebaut. Nun fragt Gott: „Was ist mit dem Buch? Steht dein Name darin? Hast du ein Anrecht darauf, in Jerusalem zu wohnen?"

Das ist eine Frage, die ich auch Ihnen stellen muß. Haben Sie eine persönliche Entscheidung für Jesus Christus als Ihren Erlöser getroffen? Haben Sie die Gewißheit, daß alle Ihre Sünden vergeben sind und Jesus in Ihrem Herzen wohnt? Haben Sie die Gewißheit, daß Ihr Name im Buch des Lebens steht? Haben Sie diese Gewißheit wirklich aufgrund Ihrer eigenen persönlichen Entscheidung? Sie müssen sich ins Buch des Lebens eintragen. Haben Sie das schon getan?

Wenn Sie sagen: „Bruder Andrew, das habe ich eigentlich noch nicht getan; ich habe noch nie eine persönliche Entscheidung für Jesus getroffen; ich habe immer gedacht, ich sei Christ, aber nach allem, was Sie gesagt haben, sehe ich, daß ich eben noch kein Christ bin. Ich bin mir nicht sicher, ob meine Sünden vergeben sind. Ich habe diese Gewißheit einfach nicht; ich bin mir nicht sicher, ob ich in den Himmel käme, wenn ich heute sterben würde." Wenn das auf Sie zutrifft, dann entscheiden Sie sich doch jetzt und nehmen Sie Jesus Christus in Ihr Herz und Leben auf.

Das siebte Kapitel von Nehemia endet mit den Worten: „Als der siebte Monat herankam, waren die Israeliten bereits in ihren Städten" (Einheitsübersetzung). Es ist mein Wunsch, daß auch Sie hineinkommen möchten.

Dem Wort Gottes erneut Autorität verleihen

Wir kommen nun zur größten Leistung, die Nehemia für sein Volk erbracht hat. Der Wiederaufbau der Mauer war bereits ein großartiges Verdienst. Wie aus der Chronologie in den Büchern Esra und Nehemia hervorgeht, hat Nehemia außerdem über Jahre hinweg die Führung seines Volkes innegehabt, eine Aufgabe, die nur von einem Mann mit ausgezeichneten Führungsqualitäten gemeistert werden konnte.

Und doch hatte Nehemia eine weitere Aufgabe zu erfüllen, die von noch größerer Bedeutung war als diese. Wenden wir uns Kapitel 8 zu. Die Mauer war fertiggestellt, die Tore waren alle eingesetzt. Nehemia hatte die Geschlechtsregister durchgesehen, um zu entscheiden, wer in Jerusalem leben und arbeiten sollte. Was gab es nun noch zu tun?

Das größte Werk, das Nehemia für sein Volk vollbracht hat, sollte noch kommen, eine noch bedeutendere Leistung als der Mauerbau, obwohl der Mauerbau zuerst in Angriff genommen werden mußte.

In Kapitel 8,1 heißt es: „Das ganze Volk versammelte sich geschlossen auf dem Platz vor dem Wassertor ..." Die Menschen waren mit einer gewissen Erwartung gekommen, weil sie spürten, daß Gott ihnen etwas Wichtiges zu sagen hatte. Wie sollten sie ihre Gesellschaft vor einem erneuten Verfall schützen? Wie konnten sie verhindern, daß der Feind die Mauer erneut zerstörte? Wie konnten sie harmonisch zusammenleben, nachdem nun so viele aus dem Exil zurückgekehrt waren und den ungeheuren Segen, den Gott ihnen geschenkt hatte, bewahren?

Hier, vor dem Wassertor, vollbringt Nehemia sein größtes Werk.

Er verleiht dem Wort Gottes erneut Autorität.

Es gibt nichts Größeres, was Sie oder ich für diese Welt tun können, als dem Wort Gottes seine zentrale Geltung zurückzugeben. Die Voraussetzung dafür ist, daß das Wort Gottes in unserem persönlichen Leben von zentraler Bedeutung ist – das heißt, daß wir dem Wort glauben, danach handeln, uns damit auseinandersetzen und es an andere weitergeben.

Ich bin schon weit in der Welt herumgekommen. Ich war in allen Ländern, in denen es eine Revolution gegeben hat. Auch in vielen westlichen Ländern war ich, wo die Menschen Angst haben. Sie haben mich gefragt: „Bruder Andrew, wie wird das noch enden?“ Sie glauben, daß die Revolution nicht aufgehalten werden kann.

Ich bin da anderer Ansicht. Es gibt etwas, was die Revolution aufhalten kann. Ich habe die Beobachtung gemacht, daß kein Volk von der Revolution überrollt wurde, in dem das Wort Gottes eine zentrale Stellung einnimmt. Kein Christ, in dessen Leben das Wort Gottes im Mittelpunkt steht, ist je vom Teufel vernichtet worden.

Ich möchte mich hier und heute zum Fürsprecher Gottes machen. Ich möchte Ihnen sein Buch empfehlen. Wenn dieses Buch Ihnen durch und durch geht – und das ist noch einiges mehr, als daß Sie das Buch durchgehen –, dann werden Sie einen starken Glauben bekommen. Wenn Ihr Glaube sich auf dieses starke Fundament gründet, was kann Sie dann noch erschüttern? Wenn Sie um die Wahrheit dieses Buches wissen, wie können Sie dann jemals von Jesus abfallen?

Sie brauchen keine Bibelschule zu besuchen, um dem Wort Gottes in Ihrem Leben den ersten Platz einzuräumen. Alles, was Sie brauchen, ist die Bibel, das Buch Gottes selbst. John Wesley hat einmal ausgerufen: „Gebt mir das Buch Gottes – koste es, was es wolle!" Er wußte, daß dieses Buch die Antwort auf alle Probleme der Welt darstellt.

Er *hatte* das Buch. Er hatte auch Mitarbeiter, die mit ihm durch die Lande reisten, um zu predigen. Diese jungen Evangelisten waren Feuer und Flamme für Jesus Christus. Sie starben durchschnittlich im Alter von zweiunddreißig Jahren – im Dienst für Jesus völlig ausgebrannt. Sie hatten nur ein Ziel: das Wort Gottes zu verkündigen.

Weil John Wesley das Buch Gottes hatte, weil er die Freiheit hatte, die Botschaft dieses Buches weiterzugeben, und weil er Jünger hatte, die das Wort Gottes predigten, hat Gott England vor der Französischen Revolution bewahrt. Gott kann unser Volk nur dann vor einer atheistischen Revolution bewahren, er kann uns nur dann vor der Anarchie bewahren, wenn wir zu seinem Wort zurückkehren.

Wir brauchen nicht auf die Ebene jener Leute hinabzusteigen, die politische Systeme bekämpfen; unser Gegner ist nicht irgendeine Regierung. Wenn Sie jemals einem Extremisten begegnen, der Ihre Aufmerksamkeit beansprucht und Ihnen unbedingt erzählen will, wogegen er ist, fragen Sie ihn erst, wofür er ist. Fragen Sie ihn, was für eine Alternative er anzubieten hat. Wenn er keine Alternative hat, die sich auf Gottes Gerechtigkeit gründet, brauchen Sie ihre Zeit nicht damit zu verschwenden, ihm zuzuhören.

Sie werden sich erinnern, daß genau das die Absicht von Nehemias Feinden war. Sie wollten ihm seine kostbare Zeit rauben. Sie hatten es darauf abgesehen, ihn von seiner Arbeit abzuhalten. Die einzige Aufgabe, zu der Gott Sie und mich berufen hat, ist die Arbeit in seinem Reich. Alle Angriffe des Teufels auf Ihr Leben, auch auf Ihr leibliches Wohl, oder der Versuch, Sie zu einem Dialog zu überreden, dienen dazu, Sie davon abzuhalten, für Gottes Reich zu arbeiten.

Sehen wir uns nun die Geschichte von der Versammlung am Wassertor einmal genauer an. In Kapitel 8,3 heißt es, daß das Wort Gottes vom frühen Morgen bis zum Mittag den Männern und Frauen und denen, die es verstehen konnten, vorgelesen wurde. „Und die Ohren des ganzen Volkes waren dem Gesetzbuch zugekehrt.“ Daraus spricht eine tiefe Ehrfurcht vor dem Wort Gottes.

Wieviel ist uns das Wort Gottes eigentlich wert? Wie betroffen sind wir, wenn Gottes Wort angegriffen wird?

In Vers 5 lesen wir: „Und Esra tat das Buch auf vor aller Augen, denn er überragte alles Volk; und als er's auftat, stand alles Volk auf.“ Wenn ich bei Versammlungen in der Sowjetunion die Bibel geöffnet habe, haben sich immer alle erhoben. Die Leute sind nie sitzengeblieben, wenn ich ihnen das Wort Gottes vorgelesen habe. Das sollten auch wir uns zur Regel machen, wenn der König zu uns spricht. Wir stehen zu Diensten und hören, was er zu sagen hat.

Was haben die Juden am Wassertor noch getan? In Vers 6 heißt es: „Und Esra lobte den Herrn, den großen Gott. Und alles Volk antwortete: Amen! Amen! und sie hoben ihre Hände empor und neigten sich und beteten den Herrn an mit dem Antlitz zur Erde.“ Sie hoben ihre Hände empor. Sie verneigten sich. Und sie beteten den Herrn an.

Sie freuten sich am Herrn und beteten ihn an. Nun geben wir Gott nicht nur dann die Ehre, wenn wir „Amen! Amen!“ rufen. Wir können Gott genausogut in der Stille unseres Herzens anbeten. Die Juden hatten hier einfach eine Möglichkeit gefunden, wie sie Gott ihre Liebe und Freude zum Ausdruck bringen konnten.

Vielleicht spreche ich nun als typischer Holländer mit einem allzu calvinistischen Hintergrund, aber wenn Sie ständig darauf bedacht sind, Ihre Gefühle Gott gegenüber zu verbergen, sollten Sie sich im Himmel am besten nach einem großen Eisschrank umsehen. Wir haben schon so viele tiefgefrorene Christen.

Ich habe in Holland einen Freund. Er ist Pfarrer und predigte einmal über die Herrlichkeit des neuen Himmels und der neuen Erde. Über eine Stunde sprach er über dieses Thema, und am Ende war er den Tränen nahe. Er sagte zu seiner Gemeinde: „Ich habe euch von der Herrlichkeit erzählt, die Gott für euch bereithält, und ihr sitzt da in euren schwarzen Sonntagskleidern und macht ein langes Gesicht. Ich habe auch nicht ein Lächeln gesehen. Ihr tut so, als würdet ihr die Verheißungen Gottes nicht ernst nehmen!“

Können wir denn nie eine Reaktion zeigen, wenn Gott uns etwas sagt? Wenn wir nicht lachen können, wenn Gott uns reich segnet, dann können wir auch nicht weinen, wenn Gott eine Not mit uns teilt. Wer nicht lachen kann, kann auch nicht weinen.

Nehemia hat geweint. Auf diese Weise ist die ganze Geschichte des Mauerbaus überhaupt erst ins Rollen gekommen.

Nun sehen wir, wie Nehemia mit hoch erhobenen Händen Gott preist.

Jesus hat geweint. Jesus hat gelacht. Jesus hatte Sinn für Humor. Seien wir doch wie er!

Die Menschen am Wassertor waren überwältigt von der Liebe Gottes und von der Tatsache, daß sein Wort schließlich wieder mitten unter ihnen wohnte. Da fingen sie an zu weinen. Aber deshalb hörten sie nicht auf, Gott zu loben. Ihre Gefühle waren stark beteiligt, als sie ihren Glauben zum Ausdruck brachten.

Sie fingen also an zu weinen, aber Nehemia sagte zu ihnen (in Vers 9): „Dieser Tag ist heilig dem Herrn, eurem Gott; darum seid nicht traurig und weinet nicht."

Wenn Sie jemals wie ich einem russischen Pastor, der noch nie eine eigene Bibel besessen hat, eine Bibel in die Hand gedrückt hätten, hätten Sie in seinen Augen gesehen, was ich gesehen habe: Freudentränen. Wenn Sie alles verloren hätten und in dieser Situation das Wort Gottes hörten, würden Sie auch weinen.

Vor einigen Jahren wurde ich bei einem schrecklichen Flugzeugunglück in den Bergen von Colorado schwer verletzt. Das Unglück passierte mit einer kleinen Maschine in der Nähe des Flughafens von Salida. Es gab zwar keinerlei Schwierigkeiten beim Start, aber als wir in der dünnen Luft immer höher stiegen und bereits eine beträchtliche Höhe erreicht hatten, fiel der Motor plötzlich aus, und wir verloren rasch an Höhe.

„Was ist denn los?" fragte ich Don, den Piloten, als wir in die Tiefe stürzten.

„Wir stürzen ab ..."

Ich kann mich nur noch daran erinnern, daß ich auf einmal furchtbare Schmerzen im Rücken hatte, und daß Don, der eine klaffende Wunde am Kopf hatte, zu mir sagte: „Andrew, versuche hier herauszukommen, und dann lauf! Das Flugzeug kann jeden Moment explodieren."

Ich schaffte es irgendwie, mich aus der Maschine zu schleppen, die nur noch ein Wrack war, und lief dann los, brach aber schon nach ein paar Metern zusammen. Ich hatte mir das Rückgrat an zwei Stellen gebrochen. Als ich mit qualvollen Schmerzen am Boden lag, wußte ich, daß ich mich trotz der Explosionsgefahr keinen Zentimeter weiterbewegen konnte. Dann bemerkte ich plötzlich, daß wir nur ein paar Meter von einer Schlucht entfernt abgestürzt waren.

„Hab Dank dafür, Herr, daß du uns das Leben gerettet hast!" keuchte ich, als sich die Schmerzen im ganzen Körper ausbreiteten.

Bald war ein Krankenwagen da. Unter der Rettungsmannschaft befand sich auch ein Pastor einer Pfingstgemeinde. Er veranlaßte sofort, daß Gläubige im ganzen Land telefonisch von dem Unfall benachrichtigt wurden mit der Bitte, für uns zu beten. Kathryn Kuhlman und Jamie Buckingham waren gerade auf einer Konferenz, als sie die Nachricht erhielten, und auf ihre Veranlassung hin beteten bald alle Konferenzteilnehmer für uns.

Von meinem Krankenhausbett aus konnte ich Corrie in Holland anrufen, und sie kam sofort. Ich lag also mit großen Schmerzen im Krankenhaus, und Corrie saß zehn Stunden am Tag an meinem Bett und tat nichts anderes, als mir aus der Bibel vorzulesen. Das war alles, was ich hören wollte. Es interessierte mich nicht, ob es regnete oder ob die Sonne schien. Mich interessierte nur das Wort Gottes! Ich glaube, die Hälfte der Zeit liefen mir die Tränen übers Gesicht. Ich konnte gar nicht genug davon hören. Während ich qualvolle Schmerzen litt, erlebte ich eine ständige geistliche Erneuerung.

Als ich schließlich aufstehen konnte, mußte ich – unterstützt von meiner Frau – erst wieder gehen lernen. Und schon bald steckte ich wieder mitten in der Arbeit und mußte mich mit zahlreichen Problemen herumschlagen. Meine geistliche Erneuerung war zum Stillstand gekommen. Ich las nicht mehr so viel in der Bibel wie vorher.

Was haben die amerikanischen Kriegsgefangenen in Nordvietnam getan, als sie jeden Tag verhört und gefoltert wurden? Ich habe mit einigen von ihnen gesprochen. Sie sagten: „Unsere Hauptbeschäftigung bestand darin, die Bibel aus dem Gedächtnis zu rekonstruieren." Das Wort Gottes muß wieder in uns lebendig werden!

In Nehemia 8,10 finden wir eine sehr wichtige Aussage. Nehemia hatte die Juden daran erinnert, daß dies ein Freudentag war, weil das Wort Gottes wieder unter ihnen wohnte. Er sagte: „Die Freude am Herrn ist eure Stärke." Er sagte auch: „Laßt auch denen, für die nichts zubereitet ist, Anteile zukommen" (Menge). Genau das ist die Aufgabe von „Open Doors": denen Anteil am Wort Gottes zu geben, die keinen Anteil daran haben.

Wenn wir Menschen das Wort Gottes bringen, wollen wir ihnen aber nicht nur das gedruckte Buch bringen; wir wollen ihnen auch das Wort Gottes bringen, wie es in uns Gestalt gewonnen hat. Sie fragen, ob es immer noch Leute gibt, die keinen Zugang zur Bibel haben. In zweitausend Sprachen der Welt gibt es noch keinen einzigen Bibelvers. Allein in der Sowjetunion gibt es hundert Dialekte, in die noch nie ein Wort aus der heiligen Schrift übersetzt wurde. Es gibt in Europa sogar ein ganzes Land, in dem es keine Bibel gibt: Albanien. Der Apostel Paulus war schon vor fast zweitausend Jahren dort, aber bis auf den heutigen Tag liegt immer noch keine vollständige Bibel für Albanien vor. Somit ist es nicht verwunderlich, daß alle Kirchen geschlossen und alle Christen offenbar der Verfolgung zum Opfer gefallen sind, so daß es in Albanien heute keine Spur von Religion mehr gibt. Albanien war der erste Staat der Welt, der sich offiziell zum Atheismus bekannte.

Wenn wir dem Wort Gottes seine zentrale Stellung wieder zurückgeben, werden wir eine geistliche Erweckung erleben. Wir werden wieder lernen, den Herrn zu fürchten. Dann wird das Wort alle Spaltungen überwinden; es wird jede Verleumdung und jeden Klatsch zum Verstummen bringen. Es wird auch unter jede Kritik einen Schlußstrich ziehen, weil wir dann Ehrfurcht haben vor dem Wort Gottes, das jeden Richtgeist verurteilt. Ich möchte es Ihnen allen ans Herz legen, daß Sie sich mit Gottes Wort beschäftigen!

In den Kapiteln 8, 9 und 13 wird von insgesamt neun Fällen berichtet, in denen Nehemia sehr wichtige Entscheidungen auf der Grundlage von Gottes Wort getroffen hat. Einige dieser Entscheidungen hatten mit den Problemen zwischen Reichen und Armen zu tun, andere mit Problemen der Lebensführung. Nehemia löste alle diese Probleme, indem er sie der Autorität des Wortes Gottes unterstellte.

Mit dem Wort Gottes können wir so viel tun!

Erinnern Sie sich an die erste Versuchung im Paradies? Diese Versuchung hatte nichts mit Sex zu tun. Sie hatte auch nichts mit einem Apfel zu tun. Im ganzen Buch Genesis ist nirgends ein Apfel erwähnt.

Der Teufel hat damals nichts anderes getan, als Adam und Eva Zweifel an der Wahrheit von Gottes Wort ins Herz zu säen: „Sollte Gott gesagt haben?"

Ich sage Ihnen heute: „Gott *hat* gesagt." Er hat Sie auserwählt. Er hat Sie dazu berufen, daß Sie hingehen und Frucht bringen und daß Ihre Frucht ewig bleibt.

Gott hat gesagt: „Gehet hin in alle Welt und verkündigt das Evangelium!"

Gott hat gesagt: „Machet zu Jüngern alle Völker!"

Gott hat gesagt: „Stärke, was noch übrig ist und auch sterben will!"

Gott hat gesagt: „Wenn ein Glied leidet, so leiden alle Glieder mit."

Gott hat gesagt: „Ich bin bei euch."

Deshalb laßt uns gemeinsam bauen! Es gibt noch so viel zu tun!

Nachwort zum Weiterbauen

Bruder Andrew erwähnte aus Nehemia 8,10 den großen Freudentag der Gemeinde unter dem Wort und die Aufgabe, die dieser Gemeinde gegeben wurde: „... und sendet davon auch denen, die nichts haben ...“

Genau das tut Bruder Andrew durch die von ihm ins Leben gerufene Mission „Offene Grenzen“ (Open Doors). Gott berief ihn, auf jedem Kontinent denen die Bibel zu bringen, denen sie durch ein politisches oder religiöses Unrechtssystem genommen wurde. Daran beteiligen sich Gläubige aus vielen Rassen und Sprachen. Bibeln in der chinesischen, russischen, rumänischen, burmesischen, spanischen oder portugiesischen Sprache werden den christlichen Gemeinden in den jeweiligen Völkern, wo Verfolgung herrscht, überbracht. Dadurch wird der leidenden Gemeinde an vielen Orten der Welt geholfen, weiter das Reich Gottes zu bauen.

Zu diesem Bauen werden immer mehr Hilfskräfte benötigt; denn die Zahl der Christen, die verfolgt werden, wächst. Die Nachfrage nach Bibeln steigt. So ergreifen mehr und mehr christliche Geschäftsleute und Touristen die Gelegenheit und arbeiten mit „Offene Grenzen“ zusammen und bringen aus freien Ländern Bibeln in die Länder, wo das Wort Gottes kaum zu bekommen ist.

Viele Menschen fragen auch, wie finanziell geholfen werden kann, um die vielen Bibeln zu kaufen und in die „geschlossenen“ Länder zu transportieren. Wem das ein Anliegen ist, kann jederzeit mit einer der Missionsstellen in Verbindung treten. Aus den monatlichen Veröffentlichungen unter dem Namen „Offene Grenzen mit Bruder Andrew“ erfahren Sie wichtige Gebetsanliegen der leidenden Gemeinde sowie Information über den Bibeltransport. Das Heft kann kostenlos bei folgenden Adressen bestellt werden:

OFFENE GRENZEN
Postfach 29
D-8051 Allershausen

OFFENE GRENZEN
Postfach 8
CH-1008 Prilly/Lausanne

Briefe an Bruder Andrew erreichen ihn dort ebenfalls.

„Darum wollen wir, seine Knechte, uns aufmachen und bauen!“ (Nehemia 2,20)

Weitere Bücher von Bruder Andrew:

„Der Schmuggler Gottes“
„Der Kampf um Afrika“

Dwight L. Moody
Der größte Evangelist des 19. Jahrhunderts

Vom unzufriedenen Jugendlichen zum größten Evangelisten des 19. Jahrhunderts – auf diese kurze Formel gebracht könnte das Leben Dwight L. Moodys beschrieben werden. Die Autorin schildert diesen faszinierenden Mann auf den wichtigsten Stationen des Lebens, das mit zunehmendem Alter immer mehr von Gottes Handeln bestimmt wurde.
192 Seiten
Best.-Nr. 15 659

John Bunyan
Überströmende Gnade

Der Verfasser der berühmten „Pilgerreise" läßt uns hier tiefe Einblicke in die dynamische Entwicklung seines Glaubens tun. Beeindruckend ist die Ehrlichkeit, mit der er sein Versagen schildert. John Bunyan lebte von 1628–1688 in England.
96 Seiten
2. Auflage
Best.-Nr. 15 653

Georg Müller
Durch Gebet zum Sieg

Ungezählten Kindern hat Müller in Waisenhäusern eine Heimat gegeben. Seine Tagebuchaufzeichnungen lassen sein bewegtes Leben mit Gott ahnen. Noch heute sind sein Glaubensgehorsam und seine Nächstenliebe eine Ermutigung zur Nachahmung.
96 Seiten
2. Auflage
Best.-Nr. 15 655